Rudolph Weigel

Katalog der hinterbliebenen Beckersche Kupferstich-Sammlung in Gotha

Rudolph Weigel

Katalog der hinterbliebenen Beckersche Kupferstich-Sammlung in Gotha

ISBN/EAN: 9783743436640

Hergestellt in Europa, USA, Kanada, Australien, Japan

Cover: Foto ©Andreas Hilbeck / pixelio.de

Manufactured and distributed by brebook publishing software (www.brebook.com)

Rudolph Weigel

Katalog der hinterbliebenen Beckersche Kupferstich-Sammlung in Gotha

RUDOLPH WEIGEL'S KUNST-AUCTION.

CATALOG

der hinterbliebenen

Becker'schen

Kupferstich-Sammlung

in Gotha,

welche

nebst einem Anhange

seltener Portraits

darunter

Händel's Portrait von G. F. Schmidt, Polnische Portraits von J. Falk etc., Collectionen von Zingg'schen Kupferstichen etc., und Kunstblättern aus dem Frauenholz'schen Verlag, Kupferwerken etc. etc.

Mittwoch den 4. October 1865

und folgende Tage

zu Leipzig

im R. Weigel'schen Kunst-Auctions-Lokal, Königsstr. No. 1

durch

Herrn Raths-Proclamator Engel

gegen baare Zahlung in Courant öffentlich versteigert werden.

Leipzig,

Druck von Bär & Hermann.

1865.

Leipziger Kunstauction.

Der Unterzeichnete übernimmt und besorgt den Verkauf sowohl grosser Sammlungen als kleiner Beiträge von Kupferstichen, Handzeichnungen, Oelgemälden, Kunstbüchern etc. durch Auctionen, welche unter seiner Garantie von dem verpflichteten Proclamator abgehalten werden. Das Vertrauen, welches während fünfundsiebzig Jahren Käufer und Verkäufer den von ihm und seinen Vorfahren veranstalteten Auctionen schenkten, beruht vor allem auf der gewissenhaften Anfertigung der Cataloge und pünktlichen Ausführung der Aufträge. Diejenigen öffentlichen Kabinette und Kunstfreunde, welche Doubletten oder Sammlungen versteigern lassen wollen, belieben sich der Bedingungen wegen an ihn zu wenden.

Rudolph Weigel.

Zur gef. Beachtung.

Die Versteigerung geschieht gegen baare Zahlung und werden die auswärtigen Käufer ersucht, ihre Commissionaire mit Baarkasse zu versehen.

Aufträge erbittet man sich spätestens 8 Tage vor der Versteigerung, doch macht man aufmerksam, dass denselben entweder ein Theil des muthmasslichen Erstehungsquantums baar oder Accreditive auf hiesige Banquierhäuser beizufügen sind, oder auch dass durch Postvorschuss der Betrag des Erkauften nachgenommen werden darf, ohne welche Sicherheitsstellung jene unberücksichtigt gelassen werden.

Es wird ferner ersucht, die Preise bei den Aufträgen genau zu bestimmen, da es bei den vielen Commissionen zu oft in Verlegenheit führt, wenn approximative Gebote gethan werden; wenn ein Gebot um wenige Groschen nicht überschritten worden, ist keineswegs anzunehmen, dass es der Auftraggeber deshalb erlangt haben würde, sondern dass höhere Limiten vorlagen, und versteht es sich ohnehin von selbst, dass derjenige welcher das höchste Gebot gethan, die betreffende Nummer auch nur erhalten und verlangen kann.

Nachstehende Buch- und Kunsthandlungen übernehmen Aufträge:

Aachen	Cremer'sche Buchhandlung.
Altenburg	O. Bonde. — Schnuphase'sche Buchhandlung.
Altona	A. Lehmkuhl & Comp.
Amsterdam	F. Buffa & fils. — J. H. A. Jonkers. — Joh. Müller.
Arnsberg	W. von Schilgen.
Augsburg	Fid. Butsch Sohn. — F. Ebner.
Baireuth	C. Giessel.
Bamberg	Buchner'sche Buchhandlung.
Basel	H. Amberger. — H. Fischer & Co. — J. L. Fuchs & Co. — Rud. Lang. — Neukirch'sche Buchhandlung.
Berlin	Amsler & Ruthardt. — Besser'sche Buchhandlung. — A. Edinger. — C. G. Ende. — Enslin'sche Buchhdlg. — L. E. Lepke. — E. Mecklenburg. — Mittler'sche Sort.-Buchhandlg. — Nicolai'sche Sort.-Buchhandlg. — Ochmigke's Buchhdlg. — Gebrüder Rocca. — Schneider & Comp. — E. H. Schroeder. — J. A. Stargardt.

Zur gef. Beachtung.

Die Versteigerung geschieht gegen baare Zahlung und werden die auswärtigen Käufer ersucht, ihre Commissionaire mit Baarkasse zu versehen.

Aufträge erbittet man sich spätestens 8 Tage vor der Versteigerung, doch macht man aufmerksam, dass denselben entweder ein Theil des muthmasslichen Erstehungsquantums baar oder Accreditive auf hiesige Banquierhäuser beizufügen sind, oder auch dass durch Postvorschuss der Betrag des Erkauften nachgenommen werden darf, ohne welche Sicherheitsstellung jene unberücksichtigt gelassen werden.

Es wird ferner ersucht, die Preise bei den Aufträgen genau zu bestimmen, da es bei den vielen Commissionen zu oft in Verlegenheit führt, wenn approximative Gebote gethan werden; wenn ein Gebot um wenige Groschen nicht überschritten worden, ist keineswegs anzunehmen, dass es der Auftraggeber deshalb erlangt haben würde, sondern dass höhere Limiten vorlagen, und versteht es sich ohnehin von selbst, dass derjenige welcher das höchste Gebot gethan, die betreffende Nummer auch nur erhalten und verlangen kann.

Nachstehende Buch- und Kunsthandlungen übernehmen Aufträge:

Aachen	Cremer'sche Buchhandlung.
Altenburg	O. Bonde. — Schnuphase'sche Buchhandlung.
Altona	A. Lehmkuhl & Comp.
Amsterdam . . .	F. Buffa & fils. — J. H. A. Jonkers. — Joh. Müller.
Arnsberg . . .	W. von Schilgen.
Augsburg	Fid. Butsch Sohn. — F. Ebner.
Baireuth	C. Giessel.
Bamberg	Buchner'sche Buchhandlung.
Basel . . .	H. Amberger. — H. Fischer & Co. — J. L. Fuchs & Co. — Rud. Lang. — Neukirch'sche Buchhandlung.
Berlin .	Amsler & Ruthardt. — Besser'sche Buchhandlung. — A. Edinger. — C. G. Ende. — Enslin'sche Buchhdlg. — L. E. Lepke. — E. Mecklenburg. — Mittler'sche Sort.-Buchhandlg. — Nicolai'sche Sort.-Buchhandlg. — Oehmigke's Buchhdlg. — Gebrüder Rocca. — Schneider & Comp. — E. H. Schroeder. — J. A. Stargardt.

Bernburg	A. Schmelzer.
Bonn	M. Cohen & Sohn. — A. Henry. — A. Marcus.
Braunschweig	Alf. Bruhn. — G. C. E. Meyer sen.
Bremen	A. D. Geisler'sche Buch- u. Kunsthdg. — J. G. Heyse's Sort.-Buchh. (C. E. Müller). — H. L. J. Kraus. — Kühtmann & Comp. — H. Strack.
Breslau	Gosohorsky's Buchhdlg. — F. Hirt. — W. G. Korn. — J. Max & Comp. — Trewendt & Granier.
Brüssel	Goupil & Co. — C. Muquardt.
Cassel	Bertram'sche Buchhdlg. — H. Jungklaus.
Coburg	Meusel & Sohn.
Cöln	Du Mont-Schauberg'sche Buchh. —J. M. Heberle — J. J. Pricken, Kunsthdlg. — Rommerskirchen's Buchh. — Schmitz's Sort.-Buchh
Copenhagen	G. E. C. Gad. — Th. Lind. — C. C. Lose — C. A. Reitzel's Buchh.
Cracau	D. E. Friedlein.
Crossen	P. Ehrlich & Comp.
Danzig	Th. Bertling. — L. G. Homann's Buchhandlung. — B. Const. Ziemssen.
Dorpat	E. J. Karow.
Dresden	E. Arnold. — A. Apell. — Fr. v. Boetticher. — E. Geller. — F. C. Janssen. — Proclamator Friedr. Rud. Meyer. — A. Reichel. G. Schönfeld — Rich. Zeune, Räcknitzplatz Nr. 9.
Düsseldorf	Ad. Gestewitz. — A. W. Schulgen. — Ed. Schulte.
Elbing	Neumann-Hartmann.
Erfurt	C. Villaret.
Florenz	L. Bardi.
Frankfurt a. M.	Jos. Baer. — Isaak St. Goar. — H. Keller. — F. A. C. Prestel. — A. Voemel. — K. Th.Völcker.
Frankfurt a. d. O.	G. Harnecker & Comp.
Gent	C. Muquardt.
Görlitz	C. A. Starke.
Gotha	E. F. Thienemann.
Göttingen	Dieterich'sche Buchhandlung.
Haag	M. Nijhoff. — A. G. de Visser.
Hagen	Gust. Butz.
Halle	Lippert'sche Buchhdlg. — H. W. Schmidt's Sort.-Buchhdlg.
Hamburg	B. S. Berendsohn. — Commeter'sche Kunsth. (W. Becker). — Hoffmann & Campe. — Makler C. Meyer. — Perthes, Besser & Mauke.
Hannover	Hahn'sche Hofbuchhdlg. — Helwing'sche Hofbuchhdlg. — Gustav Krüger. — V. Lohse. — H. Oppermann. — C. Schrader's Nachfolger.
Heidelberg	K. Groos.

VII

nusbruck	F. Unterberger.
Kiel	Th. Klose. — Schwers'sche Buchhandlung. — Universitäts-Buchhandlung.
Königsberg in Pr. .	Bon's Buchhandlung. — Gräfe & Unzer. — Hübner & Matz.
Leyden	E. J. Brill.
Lippstadt	A. Staats.
London	M. Holloway. — D. Nutt. — Williams & Norgate.
Lübeck	Dittmer'sche Buchh. — von Rohden'sche Buchh.
Lüttich	Ch. Gnusé. — Ch. van Marck.
Magdeburg	E. Baensch. — F. Kaegelmann.
Mailand	T. Laengner.
Mainz	G. Frommann. — V. v. Zabern.
Mannheim	Artaria & Fontaine.
Minden	Keiser & Comp.
München	J. Aumüller. — Max Brissel. — F. Gypen. — Mey & Widmayer. — L. A. v. Montmorillon. — Antiquar Dr. G. K. Nagler. — M. Ravizza.
Münster	Coppenrath'sche Buchh. — Theissing'sche Buchh.
Neapel	A. Detken.
Neisse	J. Graveur. — R. Hinze.
Neustrelitz	G. Barnewitz.
Nordhausen	Oscar Eigendorf.
Nördlingen , . . .	C. H. Beck'sche Buchhandlung.
Nürnberg	F. Heerdegen. — Antiquar Lorenz Krausser. — Riegel & Wiessner. — W. Schmid'sche Buch- u. Kunsthdlg. — H. Schrag'sche Buch- u. Kunsthandlung. — J. A. Stein.
Oldenburg .	Schulze'sche Buchhandlung. — G. Stalling.
Paderborn .	W. Crüwell. — F. Schöningh. — J. Wesener. — L. D. Winkler.
Paris .	Clement. — A. Franck. — Guichardot. — A. W. Schulgen. — E. Tross.
St. Petersburg	C. Röttger, kaiserl. Hofbuchhdg. (H. Schmitz- dorff.) — Bol. Moritz Wolff.
Posen	J. Lissner.
Prag	K. André. — Calve'sche Buchhandlung. — Ehrlich's Buchhandlung. — F. Rziwnatz.
Regensburg	A. Coppenrath. — G. J. Manz.
Rendsburg	F. A. Oberreich's Buchhandlung.
Riga	N. Kymmel.
Rostock	Stiller'sche Hofbuchhandlung.
Rotterdam	Ad. Baedecker.
Saarbrücken	C. Möllinger.
Schaffhausen	Hurter'sche Buchhandlung.
Schweidnitz	L. Heege.
Schwerin	A. Hildebrand. — Stiller'sche Hofbuchhandlg.
Sondershausen . . .	G. Bertram.
Stettin	Th. von der Nahmer. — F. Nagel.
Stockholm	A. Bonnier. — Levertin & Sjoestedt. — Sam- son & Wallin.
Stralsund	C. Hingst.

Strassburg	J. Noiriel. — Treuttel & Würtz.
Straubing	Schorner'sche Buchhandlung.
Stuttgart	A. Liesching & Comp. — J. Weise.
Triest	H F. Münster. — H. F. Schimpff.
Tübingen	L. F. Fues'sche Buchhandlung.
Turin	Herm. Loescher.
Utrecht	T. de Bruyn. — W. F. Dannenfelser. — Kemink & Sohn.
Venedig	H. F. & M. Münster.
Verona	H. F. Münster.
Warschau	A. Gebethner & Wolff. — H. Natanson
Weimar	W. Hoffmann.
Wien	Artaria & Comp. — C. Gerold's Sohn. — Lechner's Universitäts-Buchhandlung. — Miethke & Wawra. — L. T. Neumann. - F. Paterno. — F. O. Sintenis.
Wriezen	E. Roeder.
Würzburg	Stahel'sche Buchhandlung.
Zürich	Cramer & Lüthi. — F. Hanke. — S. Höhr. — F. Schulthess.

In **Leipzig** übernehmen Aufträge:

Die Herren Kunsthändler C. G. Börner und W. Drugulin. — Herr Proclamator H. Engel. Die Herren Buchhändler H. Fritzsche, H. Hartung, Kirchhoff & Wigand, K. F. Köhler, R. Kössling, List & Francke, C. H. Reclam sen. — Herr Kunsthändler L. Rocca. -- Die Herren Buchhändler O. A. Schulz, F. Voigt, L. Voss, T. O. Weigel. — Die Herren Antiquitätenhändler Zschiesche & Köder und der Unterzeichnete:

Rudolph Weigel.

Nach jeder dieser Kunstauctionen sind gedruckte **Versteigerungs preislisten** für 2½ Ngr. zu haben.

Kupferstiche, Radirungen etc.

Deutsche Schule.

J. Adam.
1. 5 Bl. Portraits von österreichischen und preussischen Fürsten, nach Kraft, Grassi und Anderen. 4.

C. G. Amling.
2. 5 Bl. diverse Portraits, meist bayerische Fürsten und Staatsmänner. fol. 4.

Jost Amman.
3. Das Paradies. Radirt. qu. fol. Andresen 42.*)

W. Arndt.
4. Amor. A. van Dyck p. Punktirt. fol.

P. Aubry.
5. 50 Bl. diverse Portraits, zum Theil zu Merian. 8.

A. Balzer.
6. 10 Bl. verschiedene Ansichten aus Salzburg. In Umrissen radirt und in Sepia ausgeführt. gr. qu. fol.
7. 2 Bl. derselben. Colorirt.

A. Bartsch.
8. Kühe im Wasser. W. Romeyn p. Radirt. fol.
9. 6 Bl. Six estampes gravés d'après les desseins originaux de Rembrandt. qu. 4.
10. 16 Bl. Copien nach sehr seltnen niederländischen Radirungen zum Peintre-Graveur. Alte Abdrücke auf Tonpapier. Geheftet. qu. 4.
11. 15 Bl. derselben.

---

*) Der deutsche Peintre-Graveur von A. Andresen. Leipzig, R. Weigel 1864.

J. F. Bause.

12. Befreiung Petri aus dem Gefängniss. A. Bloemaert del. Aquatinta. qu. 4. Keil 8.*) Selten.
13. J. F. Kees. C. F. R. Lisiewsky p. fol. K. 234. Alter Abdruck, wie die Folgenden.
14. C. Richter. A. Graff p. fol. K. 229.
15. 2 Bl. G. W. Rabener und J. F. W. Jerusalem. A. Graff und A. F. Oeser p. fol. K. 185 und 164. Gebräunt und ohne Plattenrand.

Juliane Bause.

16. Der Leuchtthurm. II. Saftleven del. qu. fol. K. 9. Erster, K. unbekannter Abdruck mit dem verkehrt eingeätzten Künstlernamen.

P. Beckenkam.

17. Eile des Lebens. Füger del. Aquatinta. gr. fol.
18. Canallandschaft mit rundem Thurm. G. Schalken p. Aquatinta. fol.

J. Beheim.

19. Verehrung des Christkindes durch Heilige. A. Maulbertsch p. fol.

J. F. Beich.

20. 8 Bl. Landschaften aus den beiden bekannten Folgen des Meisters. Radirt qu. 4. fol.

P. Bemmel.

21. 5 Bl. Landschaften aus der bekannten Folge. Radirt. qu. 4.

P. van den Berge. (Holländer.)

22. Allegorie auf die Vermählung Königs Johann V. von Portugal. Radirt. gr. fol. Mit holländischer Unterschrift in Typen.

D. Berger.

23. 2 Bl. Prinzessin Friderike von Preussen und Prinz Friedrich Wilhelm von Preussen. J. F. Reclam del. fol.
24. 2 Bl. J. F. Reclam und B. Rode. F. Reclam und D. Chodowiecki del. fol. 8.

---

*) Katalog des Kupferstichwerks von J. F. Bause, von D Keil Nebst Anhang. Leipzig, R. Weigel 1849

J. G. Bergmüller.
25. 8 Bl. Die sieben Gaben des heiligen Geistes. Radirt, wie die Folgenden. kl. fol.
26. 4 Bl. derselben.
27. 2 Bl. St. Joseph mit dem Christkinde, und dessen Tod. 4.
28. 14 Bl. Symbolum apostolicum oder die Bilder des Glaubensbekenntnisses. qu. 4.
29. 6 Bl. Planetengottheiten. kl. fol. Scharf beschnitten
30. 2 Bl. Sommer und Herbst. Ebenso.

M. Bernigeroth.
31. 24 Bl. diverse Portraits. fol. 4. Zwei Blatt mehrfach vorhanden.

C. F. Blesendorf.
32. Ehrenpforte beim Leichenbegängniss des Königs Friedrich Wilhelm von Preussen. gr. qu. fol.

C. F. W. Bock.
33. Miss Aurore. Brustbild. A. Graff p. Schwarzkunst. 4.

C. F. Boetius.
34. Alte Frau mit Feuertopf und zwei Knaben. P. P. Rubens p. Dresdener Gallerie. fol.
35. Landschaft mit ruhender Kuh und Schaf. C. Du Jardin p. fol.
36. Italienische Herberge und Tempelhof. H. van Lint und B. Breenberg p. fol.
37. 8 Bl. diverse Darstellungen in Zeichnungsmanier. Nach Handzeichnungen in der Hagedorn'schen Sammlung. qu. fol. und 4.

S. Bottschild.
38. 28 Bl. aus dem radirten Werke des Meisters. Dabei das Titelblatt. fol. qu. fol. 4. Selten.
39. 12 Bl. aus derselben Folge. Ebenso.

F. Brand.
40. Das Frühstück. J. Toornvliet p. fol.

J. Brunn.
41. Innere Ansicht des Strassburger Münsters 1630. gr. fol. Selten. Etwas beschädigt.

J. Burde.
42. 6 Bl. Landschaften. Radirt. qu. 8.

D. Chodowiecki.

43. Der grosse Calas. qu. fol. Engelmann 48.*) Zweiter Abdruck mit der Jahreszahl 1768. Ohne Plattenrand.
44. Wilh. Tell. qu. fol. E. 384. Gebräunt und der Schriftrand weggeschnitten.
45. Titelkupfer zu Sulzer's Theorie. 4. E. 76.
46. 12 Bl. zur Hochzeit des Figaro. E. 549. Unzerschnitten auf 2 Bogen.
47. 12 Bl. zu Shakespeare's Coriolan. E. 571. Auf 4 Bogen unzerschnitten.
48. 174 Bl. Bücherkupfer von und nach ihm, aus den Büchern geschnitten.

F. Christ.
49. Portrait des Macchiavelli. Radirt. 8. Selten.

H. Cotta.
50. 19 Bl. Schlachtscenen. Radirt. qu. 4.

D. Custos.
51. 46 Bl. Portraits, heilige und allegorische Darstellungen. fol. qu. fol. 4.

C. T. A. von Dalberg.
52. 10 Bl. Landschaften. Zum Theil nach Boissieu. Radirt qu. 4. qu. 8. Selten.

A. Dahlsteen.
53. Monument auf Baron Harleman. Radirt. fol.

A. Dallinger.
54. Landschaft mit Ziege und zwei Schafen. C. Du Jardin p. Aquatinta. qu. fol.

J. C. F. Dauthe.
55. Römische Ruinen. P. Breenberg del. Aquatinta. qu. fol.

J. A. Delsenbach.
56. Kaiser Karl VI. Ganze Figur. P. Decker del. roy. fol. Abdruck auf Atlas.

A. C. Dies.
57. Ansicht von Nemi. Radirt. fol.

J. C. Dietsch.
58. 6 Bl. Landschaften. Radirt. qu. fol.
59. 18 Bl. Landschaften. Radirt. qu. fol.

*) W. Engelmann, Dan. Chodowiecki's sämmtliche Kupferstiche Nebts Anhang. Leipzig 1857.

A. Dürer.
60. 26 Bl. diverse Copien nach Dürer. Dabei mehrere schwache Abdrücke der Originale vom Portrait des Melanchton und den drei Marktbauern. Zum Theil mehrfach. qu. fol. 4. 8.

J. D. Düringer.
61. 12 Bl. Landschaften. Radirt. qu. fol. qu. 4. Ein Blatt dreimal vorhanden.

G. C. Eimart.
62. 7 Bl. Thesen und Seekampf an der schwedischen Küste. Radirt. fol. gr. qu. fol. Selten.

G. P. Ermels.
63. Der grosse Stier bei dem Monument. Radirt. qu. 4.
64. Der mit dem Hund spielende Hirte. Ebenso.

F. Ertinger.
65. 8 Bl. Geschichte des Achilles. P. P. Rubens p. Radirt. fol. qu. fol.

F. Falck.
66. Das Bordell. J. Lys p. qu. fol. Zweiter Abdruck mit der Adresse von Valk.

J. Feigl.
67. 2 Bl. Der Altdeutsche (soll heissen ein Holländer) und seine Frau. J. Toornvliet p. fol.

G. Fenntzel.
68. Das jüngste Gericht. fol.

F. de P. Ferg.
69. Mädchen am Brunnen. Aus der Folge. Radirt. 8.

J. Fischer.
70. Tod der heiligen Jungfrau. C. Saraceno p. Radirt. fol.
71. Auferweckung des Lazarus. E. Le Sueur del. Ebenso.

J. J. Freidhof.
72. Joseph und Potiphar's Frau. C. Cignani p. Schwarzkunst, wie die Folgenden. fol. Erster Abdruck mit Nadelschrift.
73. Maria mit dem Kinde. A. Correggio p. fol.
74. Der Tanz der Bacchantinnen. J. J. Langenhöffel p. roy. fol.

75. Landschaft mit Erde fahrendem Bauer. W. Kobell p. qu. fol.
76. Dasselbe.
77. Dasselbe.
78. Dasselbe.

J. M. Frey.

79. Petri Befreiung aus dem Gefängniss. Rembrandt p. Aquatinta. Rund fol. Selten.

C. Fritzsch.

80. Schloss und Schlossgarten zu Ploen. In Vogelperspective. G. D. Tschierscki del. gr. qu. fol. Colorirt. Oben etwas eingerissen.

H. Füger.

81. 3 Bl. Köpfe und die Malerei. Radirt. qu. 8.

S. Gassner.

82. Antike Baufragmente. Aquatinta. fol. Vor der Schrift.

F. X. Gebhardt.

83. Venus und Mars. T. Willeborts p. Punktirt. qu. fol.

P. Göttich.

84. 12 Bl. Neues Reissbüchlein für die Jugend. Nach Callot. qu. 8. Selten.

G. B. Götz.

85. 5 Bl. heilige Darstellungen. Radirt. fol.

M. Greuter.

86. 2 Bl. Geburt und Auferstehung Christi. B. Spranger und Clock inv. fol.

P. Hackert.

87. 2 Bl. Landschaften mit Staffage, a Sorriento, und a la Cava. Radirt. gr. fol. Seltene Abdrücke in rothbrauner Farbe.

M. Haffner.

88. 24 Bl. Portraits älterer Theologen. 8.

C. L. von Hagedorn. (Dilettant.)

89. 46 Bl. Landschaften und Köpfe. qu. 4. 8. qu. 8.

J. E. Haid.

90. Auferweckung des Lazarus. Rembrandt p. Schwarzkunst, wie die Folgenden. fol.
91. Dasselbe Blatt, oben nicht gerundet. Von einem andern gleichzeitigen Künstler.

92. Der Mann zwischen der Tugend und dem Laster. J. Reynolds p. qu. fol.
93. Jugend und Alter. J. Christ p. fol.
94. Portrait von Rembrandt. Se ipse p. fol.
95. Allegorie auf Pfalzgraf Johann Wilhelm und Gemahlin. A. van der Werff p. roy. fol.

J. G. Haid.

96. Achilles in Rüstung. Rembrandt p. Schwarzkunst, wie die Folgenden. gr. fol.
97. 2 Bl. Schreibende, und nachdenkende Dame. Idem p. fol.
98. Absalom unterwirft sich David. F. Bol p. gr. fol.
99. Der Trompeter auf seine Depeschen wartend. F. Mieris p. fol.
100. Die jungen Musikanten. G. Schalken p. fol.
101. Mr. Foote in the character of Major Sturgeon. Zoffany p. qu. fol.
102. 2 Bl. Joseph II. und Maria Theresia. Brustbild. J. G. Weickaard und J. Zolinger p. gr. fol.

J. J. Haid.

103. 3 Bl. Köpfe nach Rembrandt und Manyoki. Schwarzkunst. fol.

C. Haldenwang.

104. Der Wetterstrahl. P. Hackert p. Aquatinta, wie die Folgenden. qu. roy. fol.
105. Die Wasserfälle bei Tivoli. F. Reinerman del. qu. roy. fol. Vor der Schrift.
106. Die Tellscapelle. P. Birmann del. qu. roy. fol. Ebenso.

J. D. Hertz.

107. Grosse Reiterschlacht in drei Blättern. G. P. Rugendas p. qu. imp. fol. Gebräunt.

J. van Heyden. ?

108. Kaiser Ferdinand II. M. von Falkenberg p. fol.
109. 5 Bl. Die Sinne. 4.
110. 18 Bl. Prospecte und Landschaften. qu. 8. Mehrere doppelt.
111. Grosser Plan von Rom auf drei Platten. 1629. qu. roy. fol. Beschädigt.

G. F. Hochecker.

112. 6 Bl. Ansichten bei Hildesheim. In Umrissen radirt und colorirt. qu. 4. qu. 8.

W. Hollar.
113. Ansicht von Prag. qu. roy. fol. Auf drei Platten. Retouchirter Abdruck aus Merian's Topographie.
J. Holzer.
114. 2 Bl. Anbetung der Hirten, und Weisen. Radirt. 4.
115.. Allegorie auf die Gründung eines Klosters. Radirt. kl. fol.
J. Höslinger.
116. 6 Bl. Landschaften. 1807. Radirt. qu. 8.
J. Hössell.
117. Grabmal des M. Plautius bei Tivoli. J. F. Reiffenstein p. Aquatinta und farbig gedruckt. qu. fol.
J. G. Huck.
118. Freiherr von Brabeck, Gemäldesammler. A. Graff p. Schwarzkunst, wie die Folgenden. gr. fol. Faltig.
119. Die Ruine. J. Ruysdael p. gr. qu. fol.
120. Dasselbe. Mit Nadelschrift.
P. Hutin.
121. Der Alchymist. T. Wyck p. Von J. Camerata beendet. gr. fol.
J. Jacobé.
122. Ariadne. J. Unterberger p. Schwarzkunst. fol.
B. Jänichen.
123. 2 Bl. St. Margaretha, und St. Lucia. Radirt. 12. Andresen, deutscher Peintre-Graveur II. Bd. 181. 182.
124. Lucretia. 8. A. 199.
F. John.
125. J. F. von Retzer. Brustbild. Linder p. Punktirt. Oval fol.
P. Isselburg.
126. Joh. Gottfried Fürst-Bischof von Bamberg. 1618. fol. Merlo 281.*)
A. C. Kalle.
127. Gustav Adolph, König von Schweden. Brustbild. fol. Gebräunt und aufgezogen.

*) J. J. Merlo, Kunst und Künstler in Cöln. Cöln 1850. 52.

J. V. Kauperz.

128. 2 Bl. Studierender Gelehrter und Brod schneidendes Mädchen. M. J. Schmidt p. Schwarzkunst. fol.

J. F. Karl.

129. 30 Bl. Vue et Prospect des différentes Parties près du Château de Freundenhain — de Passau. Radirt. qu. 4.

J. Kellerthaler.

130. 8 Bl. allegorische Darstellungen. J. Nosseni inv. 4.

B. Kilian.

131. 2 Bl. Karl XI., König von Schweden, und dessen Gemahlin Ulrika Eleonora. Lebensgrosse Brustbilder. B. und Ph. Kilian sc. roy. fol.
132. Maximilian Emanuel, Churfürst von Bayern. Brustbild mit Beiwerk. qu. roy. fol. Eingerissen.

L. Kilian.

133. Heilige Familie. C. Cornelis von Harlem p. fol.
134. Amor, Merkur und Venus. B. Spranger p. fol.
135. 4 Bl. diverse Portraits. 4. 8.

W. Kilian.

136. 12 Bl. Die Monate. M. Kager inv. 4.
137. Das Friedensmahl zu Nürnberg 1649. J. von Sandrart p. gr. qu. fol.
138. Dasselbe Hauptblatt. Gebräunt und bis zum Stichrand beschnitten.
139. 24 Bl. Portraits und heilige Darstellungen aus den Werken der Kiliane. In verschied. Format.

V. Kininger.

140. Achilles bei der Leiche des Patroclus. H. Füger p. Schwarzkunst. roy. fol.

F. Kirschner.

141. Portrait von Rembrandt. Se ipse p. Radirt. Copie nach G. F. Schmidt. 8.

J. S. Klauber.

142. Die Frau des Mieris. F. Mieris p. fol.

J. Klauber.

143. Osnabrückischer Wandkalender. J. W. Baumgärtner del. imp. fol.

1*

J. C. Klengel.
144. 2 Bl. Landschaften mit Heerden. Radirt. qu. 4.
J. A. Koch.
145. Schwur der Republikaner bei Montenesimo. Radirt. gr. qu. fol.
J. U. Kraus.
146. Innere Ansicht der Peterskirche zu Rom mit unzähligen Figuren, bei der Feier des Jubeljahres der katholischen Kirche durch Papst Innocenz XII. zu Rom 1700. Unten die Brustbilder sämmtlicher Kalenderheiligen. roy. fol.
147. Dasselbe ohne die angefügte Platte mit den Kalenderheiligen und ohne die Bordüre.
148. 2 Bl. Rheinfall bei Schafhausen, und perspectivischer Plan von Lindau am Bodensee. qu. fol. Fleckig.
J. Kreutzer.
149. Männliches Brustbild. A. van Dyck p. Schwarzkunst. fol.
Th. Krüger.
150. 4 Bl. Die Evangelisten. fol.
C. Kunz.
151. Der Venustempel zu Wörlitz. Aquatinta. gr. qu. fol.
152. 6 Bl. Partien aus dem grossen Garten zu Schwetzingen. Ebenso. gr. qu. fol.
Math. Küsel.
153. Auferweckung des Lazarus. Rembrandt inv. fol.
154. Ecce homo. In Spirallinien gestochen. fol. Etwas fleckig.
155. Dasselbe. Aufgezogen und beschnitten.
156. Eleonore, Kaiserin. J. U. Mayer p. fol.
157. Castrum dolores des Erzherzog Ferdinand Carl. 1662. gr. fol.
Melchior Küsel.
158. 23 Bl. Die Passion Christi. J. W. Baur inv. qu. fol.
159. Einzug Kaiser Ferdinand's II. in Regensburg 1652. Radirt. qu. fol. Mit Typendruck ein sogenanntes fliegendes Blatt.
160. 128 Bl. heilige, mythologische und landschaftliche Darstellungen nach Zeichnungen von J. W. Baur. In verschied. Format.

J. J. Langenhöffel.
161. Amor und Hymen. Crayonmanier. Oval. qu. fol.
162. Dasselbe.
163. Dasselbe.
164. Dasselbe.

J. D. Laurentz.
165. Verstossung der Hagar. C. W. E. Dietrich del. fol.
166. Dasselbe, überarbeitet.

T. A. Leitensdorfer.
167. Männlicher Act. Radirt. fol.

H. Lips.
168. H. Pestalozzi. Brustbild. M. Diogg p. 8.

J. Major.
169. 10 Bl. Felsige Landschaft mit Wasserfällen. qu. fol. Bei den meisten die Adresse abgeschnitten.

J. E. Mansfeld.
170. 14 Bl. diverse Portraits. 8.

Q. Marck.
171. Herodias mit dem Haupte des Johannes. T. van Thulden p. qu. fol.

K. Massinger.
172. Vorstehender Hühnerhund. G. Stubbs p. Radirt. qu. 4·

J. Mechau.
173. Bacchanal. J. Carpioni p. Radirt. qu. fol.

C. de Mechel.
174. Der die Feder schneidende Gelehrte. G. Metzu p. fol.
175. Dasselbe Blatt vor der Adresse.
176. Grabmal der Madame Langhans. J. A. Nahl inv. fol.

J. Melber.
177. Klage um den Leichnam Christi. Radirt. qu. 4.

Math. Merian.
178. 14 Bl. reiche Ornamente für Goldschmiede. qu. 12 Selten.
179. 41 Bl. aus dem Todentanz zu Basel. Ausgabe 1649. 8. Die Verse abgeschnitten und fleckig.
180. 25 Bl. aus derselben Folge mit den Versen.

181. 6 Bl. Jagden. qu. 4.
182. 132 Bl. Landschaften, Jagden, Prospecte etc.

M. Merian jun.

183. Cleopatra. Radirt. 4. Selten.
184. Buste eines Kindes. 8.

F. Meyer.

185. 14 Bl. Landschaften. Radirt. qu. 4. qu. 8. Einige doppelt.
186. 11 Bl. Doubletten der vorigen.

F. Michelis.

187. Der Capuziner. A. R. Mengs p. Schwarzkunst. fol.
188. Dasselbe.
189. Dasselbe.
190. Dasselbe.
191. Dasselbe. 6 Exemplare.
192. Amalie Auguste, Prinzessin von Anhalt-Dessau, in ganzer Figur. F. Tischbein p. Schwarzkunst. gr. fol. Faltig.

E. Morace.

193. C. F. D. Schubart, Dichter. Brustbild. J. Oelenhainz p. fol.

C. Müller.

194. 6 Bl. Aufrisse des Siebengebirges bei Bonn. J. Thomas del. Radirt. Schmal qu. fol.

J. A. Müller.

195. Maria mit dem Kinde. Radirt. 8.

G. A. Müller.

196. Publius Decius Mus und die Lictoren. P. P. Rubens p. gr. qu. fol. Ohne Plattenrand.
197. Kaiser Karl VI. Ganze Figur in Ornat. J. van Schuppen p. gr. fol. Vor der Schrift. Brüchig.

J. G. von Müller.

198. Lot mit seinen Töchtern. G. Honthorst p. qu. fol. Andresen 18.*) Guter fünfter Abdruck. An der Platte beschnitten.

---

*) Die beiden Kupferstecher Johann Gotthard von Müller und Friedrich Wilhelm Müller. Beschrieben von Dr. A. Andresen. Leipzig, 1865.

199. Die Lautenspielerin. P. A. Wille p. fol. A. 37. Ohne Plattenrand.
J. Murrer.
200. Silen und Bacchantin. Radirt. 4.
J. B? Nothnagel.
201. 38 Bl. Radirungen, meist Köpfe, Figuren, Portraits und Genre aus dem Werke des Meisters. 4. 8. 12. Einige mehrfach.
202. 16 Bl. dergl. von demselben, einige nach ihm. Ebenso.
J. Nussbiegel.
203. Cromwell löst das lange Parlament auf. B. West p. qu. fol. Mit unausgefüllter Schrift.
J. Ostermeyer.
204. Der Morgen. Cl. Lorrain p. Aquatinta, wie die Folgenden. qu. fol.
205. Dasselbe.
206. Die Melkerei. P. P. Rubens p. qu. fol.
207. 2 Bl. Die Hirten an den Apenninen. H. Roos p. qu. fol.
J. Pichler.
209. Phidias, wie ihm Zeus erscheint. H. Füger p. Schwarzkunst, wie die Folgenden. fol. Vor der Schrift.
210. 2 Bl. Die Obsthändlerin, und die sorgfältige Mutter (Lauserin). E. Murillo p. fol.
211. 2 Bl. Dieselben.
212. Das letztere nochmals. Faltig.
213. Dasselbe. Ebenso.
J. J. Preisler.
214. 19 Bl. heilige und allegorische Darstellungen nach den Gemälden von Rubens in der zerstörten Jesuitenkirche zu Antwerpen. gr. qu. 4. Titel fehlt.
215. 6 Bl. Doubletten.
R. C. Quary.
216. Ruhende Heerde. F. A. Hirt del. In der Manier des J. H. Roos. Aquatinta. qu. fol. Bis zum Stichrand beschnitten.
V. D. Preisler.
217. Die Magdalena bei der Lampe. G. Schalken p. Schwarzkunst, wie die Folgenden. fol.

218. Der Alchymist. Idem p. fol.
219. Dasselbe.
220. Das Weib bei der Weife. Idem p. fol.
221. Die Judenbraut. Rembrandt p. fol.
222. 3 Bl. männliche Köpfe. Idem p. fol.
223. Faun und Nymphe. A. van der Werff p. fol.
224. 2 Bl. St. Johannes der Täufer, und Weinküfer. J. Kupetzki p. fol.
225. St. Hieronymus. H. Dietmar p. fol.

J. A. von Prenner.
226. 148 Bl. aus dem Wiener Galleriewerk. Meist mehrfach vorhanden.

J. G. Prestel.
227. Klage um den Leichnam Christi. Nach A. van Dyck's Altarbild in Nürnberg. Radirt. gr. fol.
228. 2 Bl. Bauer und Bäuerin. A. Brouwer p. Radirt. 8.
229. 2 Bl. Bauernschenken. P. Wouwerman inv. Radirt. 4.
230. 2 Bl. Ruinen des Schlosses Münzenberg in der Wetterau. C. G. Schütz p. Aquatinta und in Farben. gr. qu. 4.
231. Römisches Bad. P. Panini p. Ebenso. qu. roy. fol.
232. Rheinansicht bei Basel. F. Schütz del. Ebenso. gr. qu. fol.
233. 16 Bl. aus den Handzeichnungswerken Prestel's, nach italienischen und niederländischen Meistern. Zum Theil von M. C. Prestel gestochen. In verschied. Format.

Püscher.
234. 9 Bl. erotische Scenen. Oval. 4.

A. Radl.
235. Der weisse Stier. P. Potter p. Aquatinta. roy. fol. Ein Hauptblatt.

C. Rahl.
236. Die heilige Jungfrau am Grabe Christi. E. Wächter del. gr. fol.

C. G. Rasp.
237. Männlicher Kopf. P. P. Rubens p. Radirt. 4.

F. Reclam.

238. 2 Bl. Prinz Friedrich Heinrich Karl, und Prinzessin Sophie Wilhelmine von Preussen. Radirt. fol.

A. und A. H. Riedel.

239. 19 Bl. Köpfe und Genrestücke nach Bildern der Dresdener Gallerie. Radirt. 4. 8.

G. F. Riedel.

240. 16 Bl. Landschaften und Thierstücke. Einige nach N. Berghem. Radirt. qu. 4. qu. 8.

C. Richter.

241. Landschaft mit Brücke. Aus der Folge. Radirt. qu. 8. Selten. Fleckig.

B. und J. H. Rode.

242. 21 Bl. Radirungen aus dem Werke dieser Meister. fol. gr. qu. fol. qu. fol. 4. Einige doppelt.

C. Rugendas.

243. 18 Bl. Pferde und Schlachtscenen. Nach G. P. Rugendas. 4. qu. 4. Tondrucke.

G. P. Rugendas.

244. 6 Bl. Capricci di Giorgio Filippo Rugendas. 4. qu. 8. Mit erster Adresse von Wolff. Fleckig.
245. 6 Bl. Jagden. Schwarzkunst. fol. Einige nach dem jüngeren Rugendas.
246. 16 Bl. Schlacht- und Reiterscenen. Schwarzkunst. gr. roy. fol.

J. Sandrart.

247. Ernst der Fromme, Herzog von Sachsen. Brustbild. gr. fol.

D. Savoye.

248. Ruhe auf der Flucht nach Egypten. 4. Selten.

A. Schlicht.

249. Die Heerde am Brunnen. J. H. Roos p. Aquatinta, wie die Folgenden. gr. fol.
250. Ruhende Heerde. J. P. Weenix p. gr. fol.
251. Der Kahn. W. van de Velde p. gr. qu. fol. Seltener Abdruck in Farben.

W. F. Schlotterbeck.

252. Nachdenkender Gelehrter. Rembrandt p. fol. Scharf beschnitten.
253. Ruinen der Villa Domitian's bei Albano. F. W. Erdmannsdorff del. Aquatinta wie die Folgenden. gr. qu. fol.
254. 2 Bl. Neptunsgrotte bei Tivoli, und Aussicht bei Vietri. P. Hackert del. gr. qu. fol.
255. 2 Bl. Dieselben. Im Tone verschieden.
256. 2 Bl. Dieselben. Ebenso.
257. 3 Bl. Dieselben. Ein Blatt doppelt.

G. F. Schmidt.

258. Elisabeth, Kaiserin von Russland, in ganzer Figur im Krönungsornate. L. Tocqué p. gr. fol. Jacobi 82. Unreiner Abdruck, scharf beschnitten und aufgezogen, und der abgeschnittene Schriftrand handschriftlich ergänzt.
259. Ein alter Krieger, in Castiglione's Manier. Radirt. 4. J. 116.

F. L. Schmitner.

260. Kaiser Franz I. Ganze Figur im Krönungsornat. M. de Meytens p. roy. fol. Fleckig und etwas eingerissen.

J. und A. Schmutzer.

261. 13 Bl. Ansichten von Städten aus der Grafschaft Habsburg. qu. fol.
262. 3 Bl. Darstellungen aus der Geschichte des Decius Mus. P. P. Rubens p. gr. fol. gr. qu. fol. Zwei Blatt fleckig und scharf beschnitten.
263. Gebet eines Sterbenden. A. Maulpertsch p. Radirt. fol.

L. Schnitzer.

264. Ansicht des Marktplatzes zu Nürnberg in drei Blättern. 1671. Schmal qu. roy. fol.

M. Schön.

265. Der Verkündigungsengel. 8. Bartsch 1. Copie. Matter Druck.

H. Schönfeld.

266. Christus gen Himmel zeigend. Radirt. fol. Dem Meister zugeschrieben.

267. St. Paulus. Radirt. fol. Ebenso.
268. Der Philosoph oder die Vergänglichkeit des Irdischen. Radirt. 4.
269. Derselbe Gegenstand. Grösser und anders. fol. Dem Künstler fälschlich zugeschrieben.
270. Dasselbe.

A. D. Schrefl. (Ungarischer Dilettant.)

271. Sappho. Kreidestich. Oval. fol.

J. F. Schröder.

272. Der Matrose. A. de Voys p. Radirt. fol.

H. Schütz.

273. Ruhende Heerde bei einer Ruine. J. H. Roos p. Aquatinta. gr. qu. fol.

J. P. Schweyer.

274. Die Heerde beim Brunnen. Idem p. Radirt. gr. qu. fol.
275. 2 Bl. Kanalansichten mit Gebäuden. J. Ruysdael del. Radirt. qu. 4.
276. 3 Bl. Portraits der Erzbischöfe von Cöln und Mainz, und Fürst Esterhazy. Radirt. 4. Selten.

C. van Sichem.

277. 2 Bl. Darstellungen aus dem Leben des Apostels Paulus. Radirt. qu. 8.

Alexandra Christina Königin von Schweden.

278. Schwedische Bäuerin. Radirt. 8. Sehr selten.

H. Sintzenich.

279. Charlotte Brandes in der Rolle der Ariadne auf Naxos. A. Graff p. Punktirt. fol.

V. Solis.

280. Clodovius, aus der Folge der französischen Könige. Bartsch 408. 8.
281. Das Christuskind in Gewölk. 8. Fehlt B. und Pass.
282. Acht weibliche Büsten. Costümfiguren. Schmal qu. 8. Pass. 590.*)
283. Laubornament mit Thieren. Schmal qu. 8. Fehlt B. und Pass.

---

*) Le Peintre-Graveur par J. D. Passavant. 6 Tomes. Leipzig, 1860 et 1864.

J. Spiegl.
284. Bacchus und Ariadne. G. Hamilton p. Schwarzkunst. gr. fol. Etwas brüchig.

C. Stark.
285. 2 Bl. Landschaften. Radirt. qu. fol.

J. J. F. Steinkopf.
286. 3 Bl. Pferde in Landschaften. Radirt. qu. 8.

M. Steinla.
287. J. G. Rosenmüller. Brustbild. J. F. A. Tischbein p. 8.

C. F. Stoelzel.
288. Der Weise. J. E. Schenau p.. gr. fol. Gebräunt und ohne Plattenrand.

J. R. Stum. (?)
289. Landschaft mit Ruinen. Radirt. qu. fol.

M. Stumpf.
290. Portrait des Dichters Bodmer. Brustbild. W. Tischbein p. Radirt. 4. Selten.

F. Sustris.
291. Ausgiessung des heiligen Geistes. 4. Selten.

J. A. Thiele.
292. 6 Bl. Die Ansichten von Dresden, Meissen und aus der sächsischen Schweiz, oder die sogenannten Bergschlösser. Radirt. gr. qu. fol. Aufgezogen. Alte Abdrücke, zum Theil fleckig.

J. F. A. Thiele.
293. 4 Bl. Landschaften mit Heerden. Radirt. qu. 4.

J. C. von Thill.
294. F. Talientscher, Kunstfreund. Büste, von Minerva bekränzt. M. Merian del. Radirt. fol.
295. Herr und Dame in einer Landschaft. Radirt. 8. Selten.

J. H. Tischbein.
296. Die Auferstehung Christi. Radirt. fol.
297. Dasselbe.
298. 5 Bl. mythologische Scenen. Ein Blatt doppelt. Radirt. 4. qu. 4.

A. Tischler.
299. Der verwundete Duellant. G. Dow p. fol.

P. Troger.
300. David und Maria mit dem Kinde. Radirt. 4. Spätere Abdrücke, wie die Folgenden.
301. Heilige Familie mit Cherubim. 4.
302. Die heilige Familie. 4.
303. Klage um den todten Heiland. 4.
304. St. Joseph mit dem Christuskinde. 4.
305. Die schmerzensreiche Maria. fol.
306. St. Hieronymus. 8.
307. Das Kinderbacchanal. qu. fol.
308. Johannes und Jesus als Kinder mit dem Lamm. Oval. 8.
309. David mit dem Kopfe des Goliath. 8.
310. Der Hirte. 8.
311. Seifenblasen machender Genius. qu. 8.
312. Der Esel und die Kuh. qu. 8.
313. Hirtenknabe mit zwei Schafen. qu. 8.

P. Troschel.
314. Ehrenpforte beim Einzuge Kaiser Leopold's in Nürnberg 1658. gr. fol. Selten.

M. Tuscher.
315. Ehrenpforte beim Einzuge Kaisers Franz III. in Florenz. Mit unzähligen Figuren. Radirt. gr. qu. fol. Einige Risse unterlegt. Hauptblatt.

J. T. Unger.
316. Die Weiber von Weinsberg. B. Rode p. Holzschn. fol.
317. Dasselbe Blatt in späterem Abdrucke mit französischer Unterschrift.

E. Verhelst.
318. Der Knabe mit dem Hunde. G. Terburg p. fol.

C. von Vittinghof.
319. 3 Bl. Kühe und Kuhköpfe, nach Kuyp. Radirt auf Tonpapier. qu. 4. qu. fol.

B. Vogel.
320. Der Meister selbst. G. de Marce p. Schwarzkunst. fol.
321. 3 Bl. unbezeichnete Portraits. J. Kupetzki p. Schwarzkunst. fol.

J. Wangner.

322. 6 Bl. Interieurs mit zechenden und rauchenden Bauern. T. Teniers p. qu. fol.

F. E. Weirotter.

323. 10 Bl. Landschaften und Architecturen. Radirt. qu. fol. qu. 4. 8.

G. W. Weise.

324. Landschaft mit Wirthshaus. J. van Goyen p. fol. Ohne Plattenrand.
325. 4 Bl. Plans et vue perspective du Musée de Cassel. qu. fol.

M. Willmann.

326. Der eingeschlafene Greis, in Rembrandt's Manier. Radirt. 8.

F. J. Winter.

327. St. Jacob zeigt einem Pilger die heilige Jungfrau. Radirt. 4. Selten.

X. Winkler.

328. 2 Bl. Theaterdecorationen. gr. qu. fol.

B. Zech.

329. Die Anbetung der Könige. Langer Fries von sechs Blättern. S. Voct p. Schmal qu. imp. fol.

A. Zenger.

330. Die lächerlichen Musikanten. G. Tilborg p. qu. fol.

J. L. C. Zentner.

331. 3 Bl. Ansichten aus Cassel. Radirt. qu. fol.

J. J. Ziegler.

332. Ansicht aus dem Schönbrunner Garten bei Wien, mit Figuren. L. Janscha del. Colorirt. gr. qu. fol.

A. Zingg.

333. 2 Bl. Landschaft mit Reisenden, und die Hirschjagd. J. Both und J. Ruysdael p. qu. fol.
334. Der Schrecken des Sommers oder der Blitzschlag. C. W. E. Dietrich p. qu. fol.
335. Gegend bei Harlem. J. Ruysdael p. qu. fol.
336. 7 Bl. sächsische Gegenden. C. W. E. Dietrich del. qu. 4.

M. Zündt.

337. 2 Bl. P. von Hausen, und Allegorie auf das Papstthum. 8. qu. 12. Andresen 11. 20. Copien.

Unbekannte Meister und Monogrammisten des 16. Jahrhunderts.

338. 10 Bl. Aeltere deutsche und italienische Stiche. 8. qu. 8.
339. 8 Bl. Goldschmiedmuster und Ornamente mit Figuren, von älteren deutschen und italienischen Künstlern. 8. qu. 8.

Italienische und französische Schule.

A. Legrand.
340. 2 Bl. Büssende Magdalena, und Auffindung der Genofeva. A. van der Werff und Schall p. Punktirt und Farbendruck. gr. fol. gr. qu. fol.

J. Longhi.
341. Blindekuh spielende Kinder. Von Caporali unter Longhi's Leitung gestochen. N. Poussin p. qu. fol. Chines. Papier. Andresen, N. Poussin 421.

J. Perissin.
342. Titelblatt zum ersten Theil der Religionskriege in Frankreich. Radirt. qu. fol. Rob.-Dum. 1. Seltener Abdruck mit deutscher Schrift.

G. A. Ratti.
343. Phalaris lässt den Perillus im ehernen Ochsen braten. F. Vieira inv. Radirt. fol. Selten.

F. Vieira.
344. Neptun verfolgt Coronis. Radirt. fol. Selten.

P. Wociriot.
345. Phalaris. fol. Rob.-Dum. 205.
346. Hastrubal's Frau stürzt sich in den Scheiterhaufen. fol. Ebenso. R.-D. 206.

A. Metelli.
347. 23 Bl. reichverzierte muschelartige Schilder mit dem Titel: I Giochi dello Scacco e del corso per le Nozze

D. Paolo Spinola duca del Sisto e la Principessa D. Anna Colonna Epitalamio. Giacomo Calvi Dottore d. Legge. In Perugia 1653. Radirt. fol. Selten.

Englische Schule.

J. M. Ardell.

348. M. Garrick als Hamlet. B. Wilson p. Schwarzkunst, wie die Folgenden. fol.
349. Mary Duchess of Ancaster. Ganze Figur in Landschaft. Th. Hudson p. fol. Gebräunt.
350. Lady Boyd als Diana. A. Ramsay p. fol.
351. Miss Britchard. Kniestück mit Buch. F. Hayman p. fol.
352. Madame Tavart, Schauspielerin. Halbfigur. 4. Vor der Schrift. Beschnitten.
353. Junge Dame mit Lamm in einer Landschaft sitzend. P. Lely p. fol.
354. Halbfigur einer jungen Dame in Schäfertracht. G. van der Myn p. fol.
355. Die beiden Frauen bei dem schlafenden Kinde in einem Zimmer bei Licht. Rembrandt del. qu. fol.

F. Barlow.

356. 5 Bl. Jagden. Radirt. qu. fol. Fleckig.

F. Bartolozzi.

357. 5 Bl. Portraits und Genrescenen. Nach Tomkins und A. Zum Theil punktirt. qu. fol. 4.

J. Beckett.

358. H. Beverland, Kunstliebhaber, ganze Figur, bei Monumenten sitzend. S. du Bois del. Schwarzkunst, wie die Folgenden. fol.
359. Dasselbe. Gebräunt und Risse unterlegt.
360. W. Lord Russell. Huysman p. fol.
361. Mrs. Turner. Kniestück mit Blumen in einem Garten. G. Kneller p. fol.
362. 2 Bl. The Countesses of Westmoreland and of Litchfield. Letzteres nach G. Kneller. fol. u. 4. Ein Blatt aufgezogen.
363. Kind mit Lamm in einer Landschaft. Huysman p. fol. Fleckig.

J. Bell.
364. Der nachdenkende Mann. Rembrandt p. Schwarzkunst. fol.

J. Birchall und J. R. Smith.
365. 4 Bl. humoristische Genrescenen. Celadon und Célie etc. Schwarzkunst. fol.

T. Blackmore.
366. Junge Dame mit Medaillon. F. Hals p. Schwarzkunst, wie die Folgenden. fol. Gebräunt.
367. Sigismunda. M. Cosway p. fol.
368. Innocence. Junges Mädchen mit Lamm. fol.

P. van Bleeck.
369. Griffin and Johnson in the characters of Tribulation and Ananias. Nach eigenem Gemälde. Schwarzkunst, wie die Folgenden. fol.
370. Mrs. Cibber in the character of Cordelia. Ebenso. fol.
371. Master. Brustbild eines jungen Mannes. R. van Bleeck p. fol.

C. und J. Bowles.
Sämmtlich mit der Adresse von C. Bowles.
372. 54 Bl. humoristische Genrescenen, Landschaften, allegorische und heilige Darstellungen. Dabei die zwölf Monate. Schwarzkunst. fol. qu. fol. Interessante Blätter.

H. Bryer.
373. Diana. Nixon p. Schwarzkunst. fol.

A. Brown.
374. Barbara, Herzogin von Cleverland. Ganze Figur. Schwarzkunst. fol. Seltener Gegendruck.

J. Burfort.
375. C. Churchill. Brustbild. J. S. C. Schaak p. Schwarzkunst. fol.

J. Burke.
376. A dutch peasant. A. Brouwer p. Schwarzkunst. fol.

B. Clowes.
377. 4 Bl. humoristische Genrescenen. Der betrogene Schneider, der sterbende Wucherer etc. J. Collet und Dawes p. Schwarzkunst. qu. fol.
378. A school boy. Ebenso. fol.

R. Corbutt.

379. Alter und Geiz. G. van der Myn p. Schwarzkunst, wie die Folgenden. fol.
380. The philosopher of Bacchus. G. van Herp p. fol.
381. Lady Mary Campbell, Musikerin. Ganze Figur. Ramsay p. fol.
382. 2 Bl. Lady Stanhope, and Miss Gravile als Zeichnenkunst und Psyche. Kniestücke. J. Reynolds p. fol.
383. 2 Bl. Miss Hunter, and Miss Eyebright. Halbfiguren. G. Wilson p. fol.
384. 2 Bl. Miss Grunway, and Miss Murray. Halbfiguren. J. Reynolds und H. Morlands p. fol.

P. Dawe.

385. A turk making love. Troost p. Schwarzkunst, wie die Folgenden. fol.
386. 2 Bl. The laundry Maid, and Lady's maid soaping Linnen. H. Morlands p. fol.
387. The bathing beauty. Hoare p. fol.
388. Die Spitzenklöpplerin. W. Peters p. fol. Mit Nadelschrift, bloss mit den Namen der Künstler.
389. 2 Bl. The pretty Maid, and Domestick employment ironing. H. Morland p. fol.
390. 2 Bl. Theodosius und Constantin. fol.

J. Delegat.

391. Ben Hopkins. Kniestück. J. Best p. Schwarzkunst. fol. Faltig.

W. Dickinson.

392. 3 Bl. politische englische Caricaturen. H. Bunbury del. Braun punktirt. qu. fol.
393. Mrs. Imhoff and child. Halbfigur. R. E. Pine p. Schwarzkunst, wie die Folgenden. fol.
394. Mrs. Hartley in the character of Elfrida. Halbfigur. J. Nixon p. gr. 4.
395. Lydia im Bett liegend. W. Peters p. qu. fol.

J. Dixon.

396. Nabob Omdut il Mulk, orientalischer Fürst; ganze Figur in einer Landschaft. J. Wart p. Schwarzkunst. gr. fol. Mit angefügtem Schriftrande. Braun.
397. Ugolino mit seinen Söhnen im Gefängniss. J. Reynolds p. Schwarzkunst. gr. qu. fol.

R. Dunkarton.

398. 2 Bl. Isaak's Opferung, und Hagar in der Wüste. In Bol's und in Rubens' Manier. J. S. Copley p. Schwarzkunst, wie die Folgenden. Imp. fol.
399. Belinda. W. Peters p. fol.
400. J. Brindley, Ingenieur. Kniestück. F. Parsons p. fol.
401. Mrs. Calander. Kniestück. fol.

R. Earlom.

402. Lesende alte Dame. F. Bol p. Schwarzkunst. fol.

J. Faber.

403. Salvator mundi. R. Browne p. Schwarzkunst, wie die Folgenden. fol.
404. August Wilhelm, Herzog von Braunschweig. Kniestück. Franke p. fol.
405. 2 Bl. Georg, König von England, und Prinzessin Amelie. Brustbilder. D. Steevens und H. Hysing p. fol. Braun.
406. 4 Bl. Miss Hudson, Miss Hoare, Mrs. Granville und unbekannte Dame. T. Hudson, R. Philips u. A. p. fol.
407. H. Hondius, Maler. Halbfigur. G. Kneller p. fol. Vor der Schrift. Beschnitten.
408. J. Carreras. Halbfigur. G. Kneller p. fol.
409. 4 Bl. E. Vernon, T. Smith, C. Wager, und C. Brown, Admirale. R. Wilson u. A. p. fol.
410. 7 Bl. diverse Portraits. fol.

C. Faucij. (Italiener.)

411. Bacchanal. P. P. Rubens p. fol. Ohne Plattenrand.

J. Finlayson.

412. Signora Zamperini in the character of Cecchina. Halbfigur. N. Hone p. Schwarzkunst. fol.

E. Fisher.

413. Zwei junge vornehme Mädchen mit Tauben in einer Landschaft. J. Reynolds p. Schwarzkunst. fol.
414. 2 Bl. Studierende Frau, und junge Dame. Idem p. Ebenso.

T. Frye.

415. Lebensgrosses Brustbild einer jungen Dame mit Fächer. Schwarzkunst. gr. fol.

B. Godfrey.
416. Marine mit drei Schiffen. W. van de Velde p. qu. fol.
V. Green.
417. Miss Brusby. Junges Mädchen mit einem Kaninchen. Falkoner p. In Oval. Schwarzkunst, wie die Folgenden. fol.
418. Mrs. Clarke. Kniestück. E. F. Calze p. fol.
419. Miss Gorche. Kniestück bei einer Vase. F. Cotes p. fol.
420. Junge Dame mit Guitarre. Kniestück. T. Kettler p. fol.
421. 2 Bl. Junge Dame mit Hund, und Junge Dame am Schreibtisch. E. F. Calze p. fol.
422. Junge Frau mit Brief in der Hand. P. Falconet p. fol.
423. Junges Mädchen mit einem Apfel. Idem p. fol. Vor der Schrift.
424. Eleanor Gwynn, halbentblösst. P. Lely p. gr. 4. Unten scharf beschnitten.

J. Greenwood.
425. Der Greis am Kamin, oder der Winter aus Thomson's Jahreszeiten. G. van Eeckhout p. Schwarzkunst. gr. fol.
426. John Wesley. Kniestück. N. Hone p. Ebenso. fol.

W. Hogarth.
427. 12 Bl. Industry and Idleness. Verkleinerte Copien, wie die Folgenden. qu. fol.
428. 4 Bl. Die Tageszeiten. fol.
429. 8 Bl. Erlebnisse eines Lüderlichen. qu. fol.
430. 6 Bl. Leben einer Buhlerin. qu. fol.
431. 6 Bl. Heirath nach der Mode. qu. fol.
432. 4 Bl. Die Stufen der Grausamkeit. fol.
433. 2 Bl. Before and after. fol.
434. 21 Bl. verschiedene andere Darstellungen aus dem Werke des Meisters.

R. Houston.
435. Portrait eines Mannes mit Hut und Krause. Rembrandt p. Schwatzkunst, wie die Folgenden. fol.
436. Plättendes Mädchen. H. Morland p. gr. fol.
437. 4 Bl. genreartige Darstellungen. fol. qu. fol.
438. Mrs. Yates in the character of Electra. S. Cotes p. gr. fol.
439. Junge Dame, in Oval. J. Zoffany p. fol. Vor der Schrift. Nur mit den Künstlernamen.

W. Humphrey.
440. 8 Bl. humoristische Genresccnen. Schwarzkunst. fol.
J. B. Jackson.
441. Der Wildprcthändler. J. Bassano p. Holzschnitt. Clair obscur. gr. fol.
M. Jackson.
442. Barry in the character of Macbeth. J. J. Gwim del. p. Schwarzkunst. fol.
J. Jones.
443. J. Powell, übermässig dicker Mann. Ogborne p. Schwarzkunst. fol.
G. Keating.
444. Amme mit Kindern in Park. G. Morland p. Punktirt. gr. fol. Fleckig.
J. Kirkall.
445. 12 Bl. Marinen, Seestürme und Seekämpfe. W. van de Velde p. Schwarzkunst. fol. gr. fol. Grün gedruckt.
F. Kyte.
446. Die Gräfin von Marlborough. G. Kneller p. Schwarzkunst. fol. Aufgezogen.
R. Lawrie.
447. Garrick and Bellamy in the character of Romeo and Julia. Wilson p. Schwarzkunst. qu. fol.
B. Lens.
448. Landschaft mit badenden Mädchen. C. Poelenburg p. Schwarzkunst, wie die Folgenden. qu. fol.
449. Landschaft mit einem Reiter bei einem Wirthshaus. P. Brill p. qu. 4.
450. Charitas. A. Bloemaert inv. Rund. 4.
T. Major.
451. 2 Bl. Lesender und trinkender Bauer. A. Brouwer p. 4.
452. 2 Bl. Seestücke. B. Peeters und A. Cuyp p. qu. fol.
T. Martin.
453. B. F. Roubiliac, Bildhauer. A. Charpentier p. Schwarzkunst. fol.
454. Francess Manners. Halbfigur. Schwarzkunst. gr. fol.

J. Mason.

455. Landschaft mit Bauerngehöft zwischen Bäumen. G. Lambert p. fol. Gebräunt und ohne Plattenrand.

J. Meers.

456. Mrs. Yates in the character of Jane Shore. J. Parkinsson p. Schwarzkunst. 4.

W. Pether.

457. Ein Rabbiner. Rembrandt p. Schwarzkunst. gr. fol. Aufgezogen.

R. Purcell.

458. Night. Junger Mann mit Fackel. G. Schalken p. Schwarzkunst, wie die Folgenden. fol.
459. 2 Bl. Die Köchin, und die Strickerin. G. Metzu und G. Dow p. fol. Auch bekannt durch Wille's Stich.
460. 2 Bl. Junge Dame, und junges Mädchen mit Licht. J. Reynolds und J. Morland p. fol.

J. Pye.

461. 2 Bl. Heilige Familie, und Landschaft mit Heerde. C. Poelenburg und A. Cuyp p. qu. 4.

G. W. Ryland.

462. Der Wagen der Venus. A. Kauffman p. Punktirt. Rund. fol.
463. Lord Newbattle and Lady Elizabeth Karr als Kinder. Schwarzkunst. fol.

P. Sandby.

464. 2 Bl. Vestris jun. tanzend, und Vestris sen. eine Gans im Tanzen unterrichtend. Aquatinta. fol.

J. Saunders.

465. Jonston in the character of Gibby. B. Gucht p. Schwarzkunst. fol.

R. Sayer.

466. Danae. Tizian p. Schwarzkunst. qu. fol.
467. 27 Bl. humoristische Genrescenen und Portraits. fol. qu. fol. Mit der Adresse von Sayer und Bennet.

W. Sharp.

468. Die Kinder im Walde. J. H. Benwell del. Sharp, Byrne and Maitland sc. Oval qu. fol. Ohne Plattenrand.

J. Smith.

469. St. Katharina. G. Knellei p. Schwarzkunst, wie die Folgenden. fol.
470. Die büssende Magdalena, oder die Magdalena mit der Distel. C. Smith p. fol. Matt und aufgezogen.
471. St. Magdalena. Kneller p. fol.
472. Lady Howard, in einer Landschaft sitzend. Idem p. qu. fol.
473. Lady Cromwell als Jägerin. Idem p. fol. Aufgezogen.
474. Mrs. Anna Raydhouse. Kniestück. J. B. de Medina p. fol.
475. Mrs. Elinor Copley. Halbfigur. G. Kneller p. Oval. fol.
476. Lord Churchill's two daughters. Ganze Figuren in einer Landschaft. Idem p. fol.
477. Mrs. Rachel How als Kind mit einer Taube. Idem p. fol.
478. Lord Villiers und seine Schwester als Schäfer bei einem Brunnen. Idem p. fol.
479. Lord Clifford und seine Schwester als Kinder. Idem p. fol. Aufgezogen.
480. Lord Buckhorst und seine Schwester als Kinder mit einem Damm-Reh. Idem p. fol. Aufgezogen.
481. Lord Bury als Kind auf einem Kissen. Idem p. fol.
482. A. Henley, Esq. Kniestück. Idem p. fol. Braun.
483. James Earl of Salisbury als Knabe. Idem p. fol.
484. T. Tumbion, Automatochaeus. Halbfigur. Idem p. fol.
485. W. Cecil in einer Landschaft. W. Wissing p. fol.
486. C. L. Fels. Brustbild. W. Hassells p. fol.
487. C. Rawlinson. Brustbild. A. Grace p. fol.
488. W. Tellowes. Brustbild. J. van der Bank p. fol. Etwas fleckig.
489. Thomas Lord, Bischof von Rochester, und Th. Sprat, Archidiacon. M. Dahl p. qu. fol.
490. Anth. Leigh, or the spanish Fryer. fol.
491. Mrs. Cross. Kniestück. T. Hill p. fol. Aufgezogen.
492. Mrs. Hackett, ein Lamm bekränzend. J. Riley p. fol. Aufgezogen.
493. Madame Jane Skeffington. W. Wissing p. fol.
494. Bauer mit Weinglas. L. Castro p. 4.

J. R. Smith.

495. Entführung der Europa. R. Cosway p. Schwarzkunst, wie die Folgenden. qu. fol.

496. Hebe. W. Peters p. qu. fol.
497. 2 Bl. Palemon and Lavinia, and a lady at hay-making. W. Lawranson p. gr. fol.
498. 4 Bl. The Captive, the Patisser, the Sword, and the Peasant. G. Carter und A. Rymsdyk p. Oval. fol.
499. Signora Maria Giovanna Felice. A. Forbes p. fol.
500. Mrs. Morris. Brustbild. J. Reynolds p. fol.
501. Mrs. Fitz William. Halbfigur. gr. 4.
502. Miss Berridge als Diana. Berridge p. gr. fol.
503. Clara. Nach Sheridan's Duenna. Idem p. fol.
504. Sappho. E. Martin p. fol.
505. 4 Bl. italienische Damen in verschiedenen Nationalcostümen. W. Peters p. gr. 4.
506. Portrait eines Gärtners mit einer Ananas. J. Reynolds p. gr. fol. Vor der Schrift.
507. 3 Bl. humoristische Genrescenen. fol.

W. Smith.
508. Semiramis. T. Barry p. Schwarzkunst. 4.

J. Spilsbury.
509. Die Waffelbäckerin. G. Metzu p. Schwarzkunst. fol.
510. Der Flickschuster. E. Heemskerk p. Schwarzkunst. fol.
511. 4 Bl. unbezeichnete Portraits junger Männer. J. Reynolds p. Schwarzkunst. fol. Ein Blatt doppelt.

C. Spooner.
512. 2 Bl. Lady Mary Countess of Coventry, and Selina Hastings. J. Reynolds p. Schwarzkunst, wie die Folgenden. fol. Gebräunt.
513. 2 Bl. Mrs. Brooks, and the studious Fair. Mich. Benwell p. fol.

W. Strange.
514. Ein Rabbiner. Rembrandt p. Schwarzkunst. fol. Grau.

F. Vivares.
515. Südöstliche Ansicht der Abtei Kirstall. T. Smith p. gr. qu. fol Rissig und aufgezogen.

W. Ward.
516. Die Folgen jugendlichen Leichtsinns. G. Morland p. Schwarzkunst. fol.

J. Watson.
517. St. Magdalena. G. Schalken p. Schwarzkunst, wie die Folgenden. fol.
518. Der Liebesbrief. Idem p. fol.
519. Der Violinspieler. F. Hals p. fol
520. 4 Bl. Die Jahreszeiten, costümirte weibliche Figuren. R. Pyle p. fol.
521. Lucinda. P. Falconet p. fol.-
522. Miss Carpenter's, Geschwister. Halbfiguren. P. Lion p. gr. fol.
523. 2 Bl. Miss Jones, und unbekanntes weibliches Portrait. Brustbilder. H. de Hamilton und R. E. Pine p. fol. Ersteres vor der Schrift.
524. 3 Bl. Miss Cunlife, Lascelles, and Miss Thelluson, Kinder mit Hunden in Landschaften. F. Cotes und P. Falconet p. fol.
525. Portrait des Kupferstechers P. Pontius. A. van Dyck p. fol.
526. Calmers in der Rolle des Midas. W. Williams p. fol.

R. Williams.
527. Mr. Grevil Verney. M. Dahl p. Schwarzkunst. fol.

W. C. Wilson.
528. 3 Bl. humoristische Genrescenen. C. Troost p. Schwarzkunst. fol.

J. Wilson.
529. Leonora und Leander. Humoreske. Schwarzkunst, wie die Folgenden. fol.
530. Flamländische Unterhaltung. D. Teniers.? p. fol.
531. Die demaskirte Schöne. H. Morland p. fol.
532. 2 Bl. Der Zahnbrecher. J. Harris del. fol.

J. Wright.
533. Miss Russell. J. Russell p. Schwarzkunst. fol.

Holländische Schule.

J. Avelen.
534. 3 Bl. Parkansichten von Sorgvliet. Radirt. qu. fol.

P. Balliu.
535. Maria mit dem Kinde zwischen zwei musicirenden Engeln. A. van Dyck p. fol. Aufgezogen.

536. Das Christuskind mit Scepter und Weltkugel auf Gewölk. E. Quellinus inv. fol.
537. 11 Bl. Verschiedene Heilige. T. van Tulden del. fol. Zum Theil etwas fleckig und beschnitten. Ein Blatt auf Pergament.

H. Bary.

538. De Wiin is een spotter. F. van Mieris figuravit. fol. Ohne Plattenrand.

A. Blootelingh.

539. Ansicht des Lustschlosses des Prinzen von Oranien zu Honslerdyk. In Vogelperspective. A. Bega del. qu. fol.
540. Die Verkündigung Mariae. J. Lys p. fol. Aufgezogen und ohne Plattenrand.
541. Der heil. Gottfried. A. Diepenbeck inv. fol. Scharf beschnitten.
542. Jacobus, Dux Eboracensis. Lebensgrosses Brustbild. P. Lely p. Schwarzkunst, wie die Folgenden. gr. fol. Fleckig und eingerissen.
543. 2 Bl. Karl II., König von England, und dessen Gemahlin Catharina. Brustbilder. Oval. Idem p. fol. Etwas rissig und aufgezogen.
544. Maria, Prinzessin von Oranien. Brustbild. Oval. Idem p. fol. Scharf beschnitten und aufgezogen.

S. a Bolswert.

545. Heilige Familie mit einem Engel. A. van Dyck p. fol. Guter Abdruck. An der Luft etwas ausgebessert.
546. Christus am Kreuze. J. Jordaens p. gr. fol. Späterer Abdruck mit französischer Unterschrift. Ohne Plattenrand.
547. Christi Einzug in Jerusalem. D. Vinckebooms inv. gr. qu. fol. Vorzüglicher Abdruck.

P. van der Borcht.

548. 165 Bl. Verwandlungen des Ovid. Radirt. qu. 8. Aus dem Buch und aufgezogen.

J. Bosschart. (Nach ihm.)

549. 12 Bl. Reiterkämpfe. W. de Broen exc. (Wahrscheinlich von L. Vorsterman dem Jüngeren.) qu. 4.

H. van den Bossche.
550. Maria mit dem Kinde auf dem Halbmond. A. Bloemaert inv. fol.

H. Bol.
551. 24 Bl. Landschaften mit biblischer und mythologischer Staffage. H. van der Borcht sc. qu. 4.

P. Breughel.
552. 2 Bl. Landschaften mit mythologischer Staffage. Radirt. qu. fol. Ein Blatt im Schriftrand beschädigt. Selten.

Nach ihm.
553. 12 Bl. mit 24 Bauernköpfen, je zwei auf einem Blatte. Oval. Radirt. qu. 8. Mit Ottens' und F. de Wit's Adresse.
554. 36 Bl. dieselben mit noch anderen von der Gegenseite. C. J. Vischer exc. In verzierten Ovalen. Etwas gebräunt.

N. de Bruyn.
555. König Balak in Gespräch mit dem Propheten Bileam. qu. roy. fol. Am Seitenrand etwas beschädigt.
556. Die drei Männer im feurigen Ofen. qu. roy. fol. Späterer Abdruck mit der Adresse von Beusecom.
557. Der Calvarienberg. qu. roy. fol. Späterer Abdruck mit de Wit's Adresse. An der Seite etwas gebräunt und eingerissen.
558. Hesekiel auf dem Blachfelde. qu. roy. fol. Mit der Adresse von Beusecom.
559. Das goldene Zeitalter. A. Bloemaert inv. qu. roy. fol.
560. Das Urtheil des Paris. E. Coninxlo inv. qu. roy. fol. Gebräunt.
561. Tanz der Israeliten mit den Töchtern der Midianiter. qu. roy. fol. Mit der Adresse von Beusecom.
562. Reiche Landschaft mit Tanz und Spiel im Freien. D. Vinckeboons inv. qu. roy. fol. Ein Riss unterlegt.
563. 5 Bl. diverse biblische und mythologische Darstellungen. qu. roy. fol. Nicht gut gehalten.
564. 12 Bl. Die Apostel in Landschaften. 8. Gebräunt.
565. 6 Bl. alttestamentliche Darstellungen. B. van der Borcht inv. 8. Spätere Abdrücke.

A. van der Cabel.
566. 5 Bl. verschiedene Landschaften. Radirt. 4. qu. 4. qu. fol.

C. van Caukercken.
567. 13 Bl. Christus, und die Apostel. A. van Dyck p. 4. Fleckig und scharf beschnitten.

C. Chalon.
568. Die Gänserupferin. Radirt. 4.

N. Clock.
569. Apollo und Midas. C. van Mander inv. qu. fol.

H. Cock.
570. 11 Bl. Ornamentcartouchen. qu. 8. Gebräunt und scharf beschnitten.
571. 21 Bl. Ruinen und Ansichten aus Rom. Mit dem Titel. Radirt. 4. und qu. 4.
572. 7 Bl. Die sieben freien Künste. F. Floris inv. qu. fol. Spätere Abdrücke.
573. 5 Bl. Reiche Landschaften. L. Gassel del. Radirt. qu. fol.
574. 2 Bl. Landschaften mit Abraham's Opfer und einem Frachtwagen; letzteres nach P. Breughel. Radirt. qu. fol. Etwas beschädigt.
575. Die Fusswaschung Christi. R. Lombardus inv. gr. qu. fol. Späterer Abdruck.
576. Männer und Frauen in einem Bade. L. Penni inv. kl. qu. fol. Ebenso.

J. Collaert.
577. 25 Bl. Leiden, Tod und Auferstehung Christi. J. Stradan inv. 4.
578. Die Predigt des Johannes. G. A. Z. inv. gr. fol.
579. 7 Bl. Die Planetengottheiten. J. Stradanus inv. 4.
580. 52 Bl. Jagden, Fischfang, Kämpfe wilder Thiere etc. J. Stradan inv. Mit C. Galle und C. de Malery gestochen. qu. fol.

A. Collaert.
581. 20 Bl. Landschaften mit Gebäuden und Staffage. J. Grimmer (Griemer) inv. qu. 4.
582. 8 Bl. Landschaften mit biblischer Staffage. H. Bol inv. qu. fol.
583. 4 Bl. Geschichte des verlornen Sohnes. Idem inv. qu. 4. Matte Abdrücke.
584. 11 Bl. Die Strafen der Israeliten mit dem Titel: De-

calogus cum acerbissimis praevaricatorum poenis. M. de Vos inv. kl. qu. fol.
585. Dieselben.
586. 22 Bl. Die Einsiedlerinnen mit dem Titel: Solitudo sive vitae foeminarum anachoritarum. Idem inv. qu. 4.
587. 11 Bl. Landschaften mit Staffage. Die Ränder mit Thieren und Blumen reich verziert. II. Bol inv. qu. 4.
588. 51 Bl. Leben, Leiden und Auferstehung Christi. M. de Vos inv. Mit C. Galle und J. Deby gestochen. qu. 4.
589. 5 Bl. verschiedene biblische Darstellungen und Heilige. Zum Theil nach J. Stradanus. 4. und 8.
590. 4 Bl. Die Jahreszeiten. M. de Vos inv. qu. fol.
591. 8 Bl. Reich verzierte Landschaften mit Ruinen. II. van Cleve inv. qu. 4.
592. 20 Bl. Fische. Piscium vivae icones. C. J. Visscher exc. qu. 4.
593. 24 Bl. Vögel. Avium vivae delineationes. Der Titel ist von Joh. Visscher gestochen. N. Visscher exc. qu. 4.

J. Coelemans.

594. Die Jahreszeiten. J. Miele p. qu. fol.

C. de Crayer.

595. Der siegreiche Heiland. Epitaph des Meisters. Radirt. Zweiter retouchirter Abdruck mit Galle's Adresse. fol. Scharf beschnitten.

C. van Dalen.

596. Johann Moritz, Prinz von Nassau. Halbfigur in Oval, mit Wappenschilde haltenden Genien. G. Flinck p. gr. fol. Scharf beschnitten.
597. Maria mit dem Kinde an der Brust. Idem p. fol. Zweiter Abdruck mit der Adresse von Blootelingh. Einige Risse unterlegt und ohne Plattenrand.
598. Der ungläubige Thomas. W. Crabet inv. qu. fol. Der Schriftrand weggeschnitten.

D. Danckerts.

599. Seeküste mit Einschiffung von Waarenballen. P. Wouwerman p. qu. fol. Abdruck mit der Adresse des Stechers. Scharf beschnitten.
600. Bacchanal. C. Holstein inv. fol. Späterer Abdruck.

J. Danckerts exc.
601. Philipp IV. König von Spanien zu Pferd in einer Landschaft. gr. fol. Gebräunt.

A. Delfos.
602. Lachender Bauer mit Krug in den Händen. F. Hals p. fol.
603. 2 Bl. Sommer und Winter. D. Teniers p. fol.
604. 2 Bl. Denkmäler auf Boerhaven und J. van den Bergh. Clair obscur. fol.

Z. Dolendo.
605. 4 Bl. Mythologisch-allegorische Darstellungen. C. van Mander inv. qu. fol.
606. Maria mit dem Kinde. In L. van Leyden's Manier. 8.

L. F. Dubourg.
607. 2 Bl. allegorische Darstellungen. Radirt. 4.

C. Du Sart.
608. 5 Bl. Mönche und Nonnen. Satyrische Darstellungen auf das Mönchsthum, dem Meister zugeschrieben. Schwarzkunst. Rund 4. Ein Blatt vor der Schrift. Supplement zu Weigel 57—60. Bartsch kennt das fünfte Blatt nicht. Bei zwei Blättern die Schrift weggeschnitten.

A. van Dyck. (?)
609. Enthauptung der heil. Barbara. Radirt. 4. Fleckig.

J. Ellardts.
610. 2 Bl. Das Christuskind auf einem Kissen sitzend, und dasselbe stehend in segnender Haltung. fol.

R. Eynhoudts.
611. Der siegreiche Christus auf seinem Grabe sitzend. P. P. Rubens p. Radirt. qu. fol.

P. Feddes von Harlingen.
612. 11 Bl. friesische Fürsten aus der Folge. Radirt. 8. Aufgezogen.

S. Focke.
613. Dido's Tod. Burleske Darstellung. C. Troost inv. fol.
614. Ansicht des Stadthauses zu Amsterdam. qu. fol.
615. Sturm und Ueberschwemmung bei Harlem 1775. qu. fol.
616. 7 Bl. Allegorische Compositionen zu Friedrich des Grossen Art de la Guerre. 8.

S. Frisius.

617. Orpheus bezaubert die Thiere durch seinen Gesang. J. Goeimare inv. gr. roy. fol. Wegen Rissen aufgezogen.
618. 30 Bl. Landschaften. Topographia variarum regionum. M. Bril inv. qu. 8.
619. 2 Bl. Landschaften. H. Goltzius inv. qu. 4. Bartsch III. p. 120 ff. 1. 2. Beschnitten.

C. Galle. (d. A.)

620. F. de Marsaelar. Brustbild in Oval. A. van Dyck p. fol.
621. Kaiser Leopold. Brustbild in einem Kranze. fol.
622. Karl Gustav, Pfalzgraf. Brustbild mit Beiwerk. A. van Hulle p. fol.
623. 36 Bl. heilige Darstellungen, Landschaften und Thiere. Nach verschiedenen Meistern. fol. qu. fol. qu. 8.
624. 11 Bl. heilige Darstellungen, Allegorien und Portraits, nach verschiedenen Meistern. fol. 4. 8. Dabei einige von C. Galle d. J.

J. Galle.

625. 13 Bl. Die Elemente, die Sinne und Tugenden. M. de Vos inv. qu. 4.

Ph. Galle.

626. 8 Bl Die sieben Heiligen von Rom mit dem Titelblatt: Septem urbis ecclesiae primariae indulgentiarum etc. fol.
627. 39 Bl. Leiden, Tod und Auferstehung Christi. J. Stradanus inv. qu. fol.
628. 6 Bl. Die Heldinnen des alten Testaments. Wahrscheinlich nach Heemskerk. Rund. gr. 4.
629. 2 Bl. Heilige Familien. Nach Mabuse und Zuccaro. fol.
630. 2 Bl. Die Taufe Christi, und Reinigung des Tempels durch Christus. J. Stradan inv. fol.
631. Der Kindermord. F. Floris inv. qu. fol.
632. Christus auf dem Wege nach Emmaus. B. Breughel inv. fol.
633. 15 Bl. Die Tugenden und Laster mit dem Titel. 4.
634. 15 Bl. Die Nymphen des Oceans mit dem Titel. 4.
635. 4 Bl. Die Zeitalter der Welt. Rund. fol.
636. 9 Bl. Die Thaten des Johannes von Medices. J. Stradanus inv. qu. fol.

637. Gladiatorenkämpfe und Todesfcierlichkeiten bei den Leichenbegängnissen der Römer. L. Penni inv. qu. fol.
638. 8 Bl. Allegorien mit dem Titel: Circulus vicissitudinis rerum humanarum. M. de Vos inv. (C. de Mallery, J. Collaert und T. Galle sc.) qu. fol.
639. 16 Bl. Jagden, dem Grossherzog von Toscana gewidmet. J. Stradanus inv. qu. fol. Meist matte Drucke.
640. 15 Bl. verschiedene heilige und allegorische Darstellungen. 4. qu. fol.

T. Galle.

641. Christus segnet die Kinder. A. Franck inv. qu. fol.
642. 7 Bl. verschiedene heilige und mythologische Darstellungen. 4. 8.

G. Gauw.

643. Der Apostel Petrus. J. Matham inv. gr. fol. B. 3.

J. de Gheyn.

644. Heilige Familie. C. Cornelissen inv. fol.
645. Das Wunder der fünf Brode. A. Bloemaert inv. Oval qu. fol. Passavant 203. ?
646. Das Bankett der Götter. C. van Broeck inv. gr. qu. fol. P. 205.
647. Das Tischgebet. qu. fol. Etwas fleckig.
648. Der Tod und die beiden Geizhälse. qu. fol. Fleckig.
649. 9 Bl. Die Laster. gr. 4. P. 58—66.
650. 4 Bl. Die Elemente. C. van Mander inv. qu. 4. P. 194—197.
651. 2 Bl. Allegorien auf die gute und schlechte Regierung eines Königs. Idem inv. qu. fol. P. 198 kennt nur ein Blatt. Gebräunt.

J. Glauber.

652. 4 Bl. Landschaften. qu. fol. B. 8. 11. 13. 15. Zum Theil fleckig.
653. 13 Bl. biblische, mythologische und allegorische Compositionen. Nach G. Lairesse. Aus der Folge. 4. fol. qu. fol.

J. Gole.

654. Louise de la Misericorde. (La duchesse La Vallière.) Halbfigur. Plaats p. fol.
655. 12 Bl. Die Monate durch modisch-gekleidete Damenfiguren vorgestellt. Schwarzkunst. fol.

656. Jardin de l'amour. Schwarzkunst. fol.
657. Venus, nach der Antike. Schwarzkunst. fol. Oben beschnitten.
658. Junge Frau mit Fächer. G. Schalken p. Schwarzkunst. fol.

G. P. van Groeningen.

659. 12 Bl. Darstellungen aus der Apokalypse. Radirt. fol. Scharf beschnitten und fleckig.

J. Griemer. (Nach ihm.)

660. 2 Bl. runde Landschaften mit Cephalus und Procris. Aus der Folge. Radirt. 4.

P. van Gunst.

661. Kaiser Leopold I. Brustbild. gr. fol. Scharf beschnitten und aufgezogen.
662. Georg August, Prinz von Wales, Brustbild, und dessen Gemahlin. Fountin und Kneller p. fol. Ersteres aufgezogen.
663. Ludwig, Dauphin von Frankreich. Brustbild. gr. fol. Etwas eingerissen und fleckig.

G. Hoefnagel.

664. Sultan Amurath III. Brustbild. 4.
665. 7 Bl. Ansichten aus Italien und Deutschland. Nach Zeichnungen von P. Breughel, L. von Valckenburg und A. Colyns. Radirt. qu. fol. Alt colorirt.
666. 13 Bl. Insecten und Früchte mit dem Titel. Von J. Hoefnagel radirt. qu. 4.

H. Hondius.

667. Felsige Landschaft mit dem Schiffbruch des Paulus. G. Mostart inv. qu. fol.
668. Christus schickt seine Jünger zu Johannes. J. Firens inv. qu. 4.
669. 7 Bl. verschiedene Landschaften. P. Steevens inv. qu. fol.

A. Houbraken.

670. 7 Bl. Nieuwe Ordonantien van Sinnebeelde und Titelblatt. Radirt. 4. qu. 8.

J. Houbraken.

671. Der Engel verschwindet vor der Familie des Manoa. Rembrandt p. Dresdener Gallerie. qu. fol.

C. Huberti exc.

672. St. Veronica. fol.

F. Huys.

673. Schlachtordnung der Türken 1558. Radirt. Fliegendes Blatt, dem Markgrafen Sforza von Venedig gewidmet. gr. qu. fol.

P. Huys.

674. 3 Bl. Schiffe. Nach P. Breughel. qu. fol. Fleckig und aufgezogen.

A. Jacobi.

675. Der Alchymist. J. Pinas p. fol.

G. de Jode.

676. 5 Bl. Die Evangelisten mit dem Titel. F. Floris inv. qu. 4.
677. 7 Bl. Die Werke der Barmherzigkeit. M. de Vos inv. qu. fol.
678. 4 Bl. Geschichte der Esther. Idem inv. qu. fol.
679. 4 Bl. allegorische Darstellungen. Idem inv. qu. fol.
680. 27 Bl. Folge von Ziercartouchen mit Sinnsprüchen aus Seneca. Mit dem Titel: Variarum protactionum etc. 4.

P. de Jode.

681. 2 Bl. Heimsuchung Mariä, und Krankenheilung des heil. Martin. P. P. Rubens und J. Jordaens p. gr. fol. Beide fleckig und beschädigt.

A. van der Laan.

682. 16 Bl. Fischerschiffe und Fischverkauf. Grote Visscry. S. van der Meulen del. qu. 4.
683. 16 Bl. Wallfischfang und Kampf mit Eisbären im Eismeer. Idem del. qu. 4.

G. Lairesse.

684. 31 Bl. Radirungen von und nach ihm; verschiedene Darstellungen. In verschiedenem Format.

W. de Leeuw.

685. Felsige Landschaft mit Ruinen und Brücke mit Reisenden. A. van Niculant inv. Radirt. qu. fol. Selten.

P. van Linder.

686. Das Y bei Blaawhooft bei Amsterdam. qu. fol.

687. 9 Bl. mit 16 Ansichten holländischer Schlösser, Thore und Städte. J. D. Beyer del. 4. qu. fol.

P. Lombart.

688. 2 Bl. aus der Folge der englischen Gräfinnen. A. van Dyck p. fol. Fleckig und scharf beschnitten.

A. van Londerseel.

689. 4 Bl. büssende Einsiedler. M. de Vos inv. qu. 4.

J. van Londerseel.

690. Inneres eines Domes mit der Procession eines Papstes. II. Aerts inv. qu. fol. Scharf beschnitten.
691. 22 Bl. reiche Landschaften mit biblischer Staffage. Zum Theil nach D. Vinckeboons. gr. qu. fol. Meist spätere Abdrücke.

J. Lys.

692. Das Bordell. Radirt. Auch bekannt durch Falck's Stich von der Gegenseite. qu. fol. Sehr zweifelhaft.

J. Lutma.

693. 6 Bl. Ornamente für Schalen und andere Verzierungen. Gepunzt. 4. 8. Selten.

J. C. Marinus.

694. Die Anbetung der Hirten. J. Jordaens p. fol. Die Adresse zugelegt.

J. Matham und J. Saenredam.

695. 7 Bl. Die Tugenden, nach H. Goltzius. fol. B. 125 etc. Zweite Abdrücke. Scharf beschnitten.

Ch. van Meurs.

696. 2 Bl. Merkur und Aclaura, Mädchen mit Laterne. F. van Mieris und G. Dow p. fol. Späte Abdrücke.

A. Meyeringh.

697. Die Sturmlandschaft. qu. fol. B. 15.

J. Moreelse. (Nach ihm.)

698. Claris et Filede. Schwarzkunst. 4.

J. Muller.

699. 3 Bl. Merkur entführt Psyche. Nach der Broncestatue von A. de Vries. fol. B. 82—84. Fleckig, scharf beschnitten und aufgezogen.

700. Minerva giebt dem Perseus die Waffen. B. Sprangei inv. gr. fol. B. 69. Capitalblatt in schönem Abdruck.
701. Das Gastmahl des Belsazar. qu. fol. B. 1. Späterer Abdruck.

J. Munnichuysen.

702. Herbst und Winter, durch Knaben dargestellt. G. Lairesse p. fol. Grau.

C. van Noorde.

703. Junger Mann, die Pfeife anzündend. F. Hals p. Radirt. 4.

C. de Passe.

704. Die Verkündigung an die Hirten. A. Bloemaert p. fol. Der Rand angesetzt.
705. 4 Bl. Die Evangelisten, halbe Figuren. Geldorp Gortzius fig. Oval fol. Fleckig.
706. 6 Bl. Geschichte des verlornen Sohnes. M. de Vos fig. gr. 4. Scharf beschnitten.
707. St. Johannes der Täufer, St. Anton und St. Elisabeth. B. Spranger inv. fol.
708. 8 Bl. Parabel der klugen und thörichten Jungfrauen. Mit dem Titel: Vigilate etc. M. de Vos fig. gr. 4.
709. 8 Bl. Werke der Barmherzigkeit. In reichen Einfassungen. Idem inv. qu. 4.
710. 8 Bl. mit dem Titel, aus der Folge der Sibyllen. Rund. 8.
711. 10 Bl. aus der Folge der Monate. M. de Vos inv. Rund. 8.
712. 6 Bl. Landschaften mit der Geschichte des barmherzigen Samariters. H. Bol inv. qu. fol. Spätere Abdrücke.
713. 5 Bl. Landschaften und Marinen mit Staffage. J. Breughel inv. qu. fol. Ein Blatt doppelt.

M. de Passe.

714. 2 Bl. Landschaften mit Venus und den Satyrn, und Salmacis und Hermaphrodite. A. Elsheimer und J. C. Pinas p. gr. qu. 4. Schöne Abdrücke.
715. 6 Bl. gebirgische Landschaften. P. Bril, R. Savery und A. Willaers inv. qu fol.

S. de Passe.

716. Liberum belgium. Allegorie auf die Befreiung der Niederlande durch Prinz Moritz. A Nienlant inv. gr. fol. Am Rande eingerissen.

P. Perret.
717. Christus und die Ehebrecherin. P. Breughel inv. qu. fol.

Ploos van Amstel.
718. Portrait des Malers J. van Goyen. In Handzeich nungsmanier, wie die Folgenden. 4. Alten 9.*) Schöner Abdruck, wie die Folgenden.
719. Der Gemüsemarkt am Canal. J. van Goyen del. qu. fol. A. 10.
720. Die Clavierspielerin. G. Dow del. 4. A. 12.
721. Die Plinsenbäckerin. G. Metzu del. fol. A. 14.
722. Die heilige Jungfrau in einem Blumenkranz. A. Bloemaert del. 4. A. 16.
723. Maria Tesselschade. H. Goltzius del. fol. A. 18.
724. Ein Reiter bei Wäscherinnen. P. Wouwerman del. qu. fol. A. 20.
725. Zitherspieler und Spielerin. C. van Mander del. 4. A. 21.
726. Männliches Portrait mit Baret. G. Flinck del. 4. A. 22.
727. Bauernschenke. A. Brouwer del. 4. A. 25.
728. Cavalier und die trinkende Dame. G. Terburg del. fol. A. 30.
729. Eine die Laute schlagende Dame. C. Netscher del. 4. A. 31.
730. Das Urtheil des Salomo. L. van Leyden del. fol. A. 34.
731. Die fünf Vorsteher des Armenkinderhauses zu Harlem. J. de Bray del. qu. fol. A. 37.
732. Der Rechtsanwalt. J. Steen del. 4. A. 38.
733. Die Heerde am Schlossteich. J. van der Meer de jonge del. qu. fol. A. 40.
734. Das Schweineschlachten. J. Saenredam del. 4. A. 46
735. Bäuerin am Kamin. C. Bega del. 4. A. 45.
736. Der Botaniker. G. van Eekhout del. qu. 8. A. 44.
737. Ruhende Schafe beim Stall. C. Du Jardin del. qu. 8. A. 43.
738. Der Alchymist. J. Luyken del. qu. 8. A. 42.

*) Corn. Ploos van Amstel; von F. von Alten. Leipzig 1864.

M. Pool.
739. Apollo und Daphne. B. Graat p. qu. fol.

C. Poelenburg.
740. Genien auf Gewölk. Radirt. qu. 8. Zweifelhaft.
741. Dasselbe.
742. Dasselbe.

P. Quast.
743. 11 Bl. Die Bettler. S. Savery exc. (et sc.) 8. Aufgezogen.
744. 12 Bl. carikirte männliche Figuren. C. J. Visscher exc. 8.
745. 12 Bl. verschiedene Darstellungen, meist von Savery. 4. und 8.

H. Quiter.
746. Portrait einer Dame mit Fruchtkorb. Kniestück. Schwarzkunst. fol. Selten.

H. Quellinus.
747. 80 Bl. Statuen und Decorationen des Rathhauses zu Amsterdam, nebst einem Titel. Radirt. A. Quellinus inv. Verschiedenes Format.

J. M. Quinkhart.
748. Die Häringsverkäuferin. G. Metzu p. Radirt. 4. Vor der Schrift.
749. Dasselbe.

A. Rademaker.
750. 25 Bl. Nederlandsche Outheeden en Gezigten, aus der Folge. Radirt. qu. 8.

Rembrandt. (Nach ihm.)
751. Lot mit seinen Töchtern. Von einem englischen Stecher, auch bekannt durch Schmidt's Stich. Schwarzkunst. fol.
752. 9 Bl. verschiedene Köpfe, von Riedel, Härtel und Andern. 4. 8.
753. 10 Bl. Geschichte Joseph's. Graf Caylus fec. Federzeichnungsmanier. 4.
754. 13 Bl. meist biblische Darstellungen in Zeichnungsmanier mit dem Titel; von M. Pool. 4. 8. qu. 8.

R. Roghman.
755. 4 Bl. aus der Folge der Tyrolerlandschaften. Radirt. qu. 4.

P. P. Rubens. (Nach ihm.)

756. 2 Bl. Auferstehung Christi, aus der Folge. Radirt. J. de Wit fec. qu. fol.
757. 13 Bl. Christus und die Apostel. Halbfiguren. C. Huberti exc. fol.
758. Maria in Engelsglorie. F. L. D. Ciartres exc. In Vignon's Manier radirt. fol. Fleckig.
759. Amor und Psyche. A. Haelwech sc. fol. Matt und aufgezogen. Siehe Rumohr und Thiele, Kopenhagener Kupferstichcabinet.
760. Der Alte, der Soldat und das Mädchen. R. Persyn sc. qu. 4. Basan 67.
761. Simson zerreisst den Löwen. E. Quellinus fec. Radirt. qu. 8.
762. Gruppe von Ungeheuern aus dem Engelsturz. Vielleicht von A. Blootelingh. Radirt. qu. 4.
763. Drachenkopf aus voriger Gruppe. Schwarzkunst. Wahrscheinlich von Demselben. 8.
764. 6 Bl. verschiedene Titelblätter, von Galle und Collaert gestochen. fol. 4. Dabei ein sehr seltener und trefflicher Abdruck vor aller Schrift von Galle's Blatt zu Legatus F. de Marselaeri ad Philippum II. Basan 32.

J. Sadeler.

765. 8 Bl. Die Schöpfungstage, inclusive des Titels. M. de Vos inv. qu. fol.
766. 12 Bl. Boni et Mali Scientia. Geschichte der ersten Menschen. Idem inv. qu. fol.
767. 12 Bl. Dieselben.
768. 15 Bl. Bonorum et Malorum Consensio et horum Praemia, illorum Poena etc. Idem inv. kl. qu. fol.
769. 15 Bl. Dieselben.
770. 11 Bl. Derselben.
771. 15 Bl. alttestamentliche Darstellungen. Mit H. Wiercx gestochen. M. de Vos inv. gr. 4. fol.
772. 22 Bl. Geburt und Leben Christi. Idem inv. J. und R. Sadeler und A. Collaert sc. 4.
773. 2 Bl. Bekehrung und Hinrichtung des Apostels Paulus. F. Porbus inv. fol.
774. 12 Bl. Das christliche Glaubensbekenntniss. M. de Vos inv. qu. fol.

775. 6 Bl. Canticum Canticorum, oder das hohe Lied. M. de Vos inv. 4.
776. 10 Bl. Marter der Apostel und anderer Heiligen. Idem inv. fol.
777. 12 Bl. Christus und die Apostel. Halbfiguren. Mit R. Sadeler gestochen. 8.
778. 8 Bl. verschiedene Heilige. Brustbilder. H. v. Achen del. 8.
779. 53 Bl. Leben der heiligen Einsiedler. M. de Vos inv. qu. 4.
780. 8 Bl. Die Planetengottheiten. Idem inv. gr. qu. 4. Spätere Abdrücke.
781. Unterhaltung bei Wein, Weibern und Tanz. J. de Winghe del. qu. fol.
782. 12 Bl. Landschaften mit biblischer Staffage. A. Bol inv. qu. fol. Spätere Abdrücke.

B. Sadeler.

783. Lot mit seinen Töchtern. J. de Winghe inv. fol.
784. 3 Bl. Gebet, Barmherzigkeit, und Busse. Betende Frauen. M. de Vos inv. 4.
785. 4 Bl. Die Temperamente. Idem inv. qu. 4.
786. 4 Bl. Simson, Salomon, Sardanapal und Heliocapal mit ihren Frauen. J. de Winghe inv. qu. fol.
787. Venus und Amor. H. von Achen inv. 4.
788. 9 Bl. Landschaften. P. Steevens und P. Bril inv. qu. fol.

Aeg. Sadeler.

789. Martin de Vos, Maler. Brustbild. J. Heinz inv. fol Aufgezogen.
790. Reiche Allegorie auf Kaiser Matthias. gr. fol.
791. Der Saal des Rathhauses zu Prag mit Kaufbuden und vielen Figuren. gr. qu. fol auf zwei Blatt.
792. 14 Bl. Das Leben Christi mit dem Titel. Mit reich verzierten Rändern. H. von Achen inv. 4.
793. Die Grablegung Christi. J. Heinz inv. gr. fol. Vorzüglicher Abdruck.
794. 7 Bl. Die Engel mit den Marterwerkzeugen Christi. 4.
795. Aktäon und Diana. J. Heinz inv. gr. qu. fol.
796. 6 Bl. Die Monate, je zwei auf einem Blatt. P. Bril inv. qu. fol. Aufgezogen und scharf beschnitten. Die Ränder fehlen ganz.

797. 12 Bl. Die Monate. P. Steevens inv. qu. fol.
798. 6 Bl. Landschaften. J. Breughel inv. qu. fol.
799. 16 Bl. Landschaften. P. Steevens inv. qu. 4.
800. 12 Bl. Landschaften. S. Savery del. qu. fol.
801. 55 Bl. verschiedene Darstellungen, Heilige, Landschaften etc. Aus dem Werke der Sadeler. Meist aus Folgen.

A. Santvoort.
802. Ruine des Castells Stryen bei Osterhout. Radirt. qu. 4. Selten.

P. Schenk.
803. Die Geburt Christi. N. Poussin inv. Schwarzkunst, wie die Folgenden. fol. Fehlt Andresen.
804. Susanna im Bade. 4. Der Rand beschnitten.
805. 2 Bl. Jesus und Johannes, und St. Clara. Ersteres nach van Dyck. 4. Scharf beschnitten.
806. 2 Bl. Mars und Venus, Apollo und Minerva. B. V. Overbeck inv. 4.
807. 2 Bl. Dieselben.
808. 9 Bl. Götterliebschaften. Scharf beschnitten. Ein Blatt doppelt.
809. 2 Bl. Venus und Amor, Nymphe und Satyr. Nach Raphael und Lairesse. qu. fol.
810. Venus und Amor, nach Tizian. 4. Unten scharf beschnitten.
811. 2 Bl. Venus und Aeneas, Amor an den Flügeln beschnitten. 4.
812. 2 Bl. Das Bordell, und die Gesangunterhaltung. Gerars p. qu. fol. Beschädigt und aufgezogen.
813. Der arme Maler vor der Staffelei. kl. fol. Aufgezogen.
814. 5 Bl. Die Sinne. Nach A. Brouwer. 4. Zum Theil beschnitten.
815. 4 Bl. Mönche und Frauen. 4.
816. 8 Bl. Galante Darstellungen und Zoten. qu. 4.
817. 22 Bl. aus der Folge der römischen Ansichten von 100 Blättern. Radirt. qu. 4.

G. van Scheyndel.
818. 5 Bl. Die Sinne. Landschaften mit Figuren. Radirt. qu. 8. Meist verschnitten.

C. Schut.

819. Die Beschneidung des Christuskindes mit Engel und Heiligen. Reiche Composition. Radirt. qu. fol. Aufgezogen.
820. 6 Bl. Das Christuskind und Kinderspiele. qu. 4. u. 8.

P. H. Schut.

821. 23 Bl. Plusieurs nouveaux compartemens. Verzierte muschelartige Schilderchen. Nach van Eeckhout. Aus drei verschiedenen Folgen. fol. 4.

P. Serwouter.

822. 7 Bl. Landschaften mit Jagden. D. Vinckeboons inv. Schmal kl. qu. fol.

G. Sibelius.

823. 2 Bl. Marinen bei Amsterdam. Van den Ende inv. qu. fol.

C. van Sichem.

824. 7 Bl. Die Tugenden. 8.

J. van Somer.

825. Socrates und Xantippe. Schwarzkunst. kl. fol.
826. 2 Bl. Schäferscenen. Ebenso.
827. Diana und Endymion. Ebenso.

B. Stopendael.

828. Der Kalkofen mit Lazaroni und Zigeuner. P. de Laer p. Copie nach Visscher's Blatt. qu. fol.

L. Suavius.

829. Die Charitas. L. Lombardus inv. Scharf beschnitten. fol. Passavant 36.

J. Suyderhoef.

830. Das Messergefecht. G. Terburg p. qu. fol. Wussin 122. Dritter Abdruck mit de Wit's Adresse. An der Platte beschnitten.
831. 15 Bl. Die Monate, der Tag und die Nacht. Mit Falk, Matham, Persyn und A. gestochen. fol. W. 111—115. Spätere Abdrücke. Ein Blatt doppelt.

W. Swidde.

832. 16 Bl. Vues de Versaille. qu. 4.
833. 6 Bl. verschiedene Landschaften. D. Dalens del. qu. fol. Spätere Abdrücke.

P. Tanjé.
834. 2 Bl. Portrait eines Mannes, und einer Frau. P. P. Rubens und Rembrandt p. Dresdener Gallerie. fol.

P. J. Tassaert.
'835. 4 Bl. Köpfe in Rembrandt's Manier. Radirt. 8.
836. 4 Bl. Die vier Alter des Menschen. Schwarzkunst. fol.

D. Teniers.
837. Bauer mit Krug und Glas. Radirt. 8.
838. Bauer mit Krug und Glas. J. Lange sc. 4.

W. D. Tetrodejus.
839. 2 Bl. Merkur und Minerva, Venus, Amor und Satyr. fol. qu. fol.

C. Troost.
840. Portrait des Malers. Brustbild in Oval. Schwarzkunst. 4.

M. van Uytenbroeck.
841. 2 Bl. Susanna im Bade, und Landschaft. 8. qu. 4. B. 12. 54. Spätere Abdrücke.

W. Vaillant.
842. Der sich auf die linke Hand stützende Knabe. Schwarzkunst, wie die Folgenden. 8. Wessely 22.*)
843. Dasselbe, unten am Rande verschnitten.
844. Der Schreiber. A. Brouwer p. 4. W. 127.
845. Christus am Oelberg. C. Poelenburg p. gr. fol. W. 89.
846. St. Paulus. 8. Sehr zweifelhaft.
847. Hebe mit Amor. F. Furini inv. fol. W. 114. Die Umrisse mit Tinte nachgezogen.
848. Der zärtliche Bauer. C. Bega inv. 4. W. 171.
849. Die Spinnerin. gr. 4. Braun gedruckt. Dem Meister zugeschrieben.

J. van de Velde.
850. 30 Bl. Landschaften aus verschiedenen Folgen. Schmal qu. fol. qu. 8.

N. Verkolje.
851. St. Paulus. A. van Linschoten p. Schwarzkunst. fol. Etwas fleckig.

---
*) Wallerant Vaillant, beschrieben von J. E. Wessely. Wien 1865

D. Vinckeboons. (Nach ihm.)

852. 18 Bl. Jagden und Landschaften mit mythologischer Staffage. qu. 4. qu. 8. Ohne Namen des Stechers.

C. Visscher.

853. Die Krönung der Königin Hedwig Eleonore von Schweden. Nach J. Ovens. gr. qu. fol. Sehr selten. Oelfleckig und scharf beschnitten.
854. Schlafende Hirtin bei Schweinen. P. de Laer p. qu. fol. Selten. Späterer Abdruck.

J. N. Visscher.

855. Grosser Stadtplan vom Haag. Haagie comitis — tipus. Links oben drei Wappen, links unten Dedication an Prinz Moritz. Grosses Tableau von sechs Blättern. 1616. Grösstes qu. imp. Format. Am linken Rande eingerissen.
856. 20 Bl. mit dem Titel. Verscheydenaerdige Landhuysen. A. Bloemaert inv. qu. 8.
857. Landschaft mit dem Sturze des Dädalus. G. van Horst inv. qu. fol.
858. Landschaft mit Reisenden. E. Coninxloo inv. qu. fol. Scharf beschnitten.
859. 4 Bl. Fluss- und Landprospecte mit dem Titel: Amoeniores aliquot regiunculae. C. C. de Wieringen del. qu. 4.
860. 3 Bl. Prospecte. Neue Kirche, Nicolauskirche und Börse zu Amsterdam. qu. fol.
861. 11 Bl. aus einer Folge berühmter niederländischer und spanischer Feldherren; ganze Figuren zu Pferde. fol. Scharf beschnitten und aufgezogen.

J. G. van Vliet.

862. Isaak und Esau. J. Livens inv. fol. Bartsch II. Schöner erster Abdruck. Etwas fleckig und die untere rechte Ecke ergänzt.

L. Vorsterman.

863. Carolus de Longueval. Halbfigur mit reichem allegorischen Beiwerk. P. P. Rubens inv. gr. fol. Scharf beschnitten.

Historische, meist sogenannte fliegende Blätter.

864. König Johann III., Sobieski, als Sieger über die Türken 1674. Schlacht und Reiterbildniss. Radirt, wie die Folgenden. R. de Hooghe fec. gr. qu. fol. Etwas rissig.
865. Freudenfeuer zu London, Harlem, Hamburg etc. 1689. Tableau mit 10 Darstellungen. Idem fec. gr. qu. fol.
866. Siege der Holländer über die Macarcassen auf Celebes 1666—1669. Idem fec. Mit Typentext. gr. qu. fol.
867. Belagerung von Naerden durch den Prinzen von Oranien 1673. Idem fec. gr. qu. fol.
868. Eroberung von Namur 1695. Idem fec. gr. qu.fol.
869. Belagerung und Entsetzung von Narwa durch Carl XII. von Schweden 1700. Idem fec. gr. qu. fol.
870. Dasselbe.
871. Belagerung und Eroberung von Philippsburg 1670. Idem fec. qu. roy. fol. Der Rand rissig.
872. Belagerung und Entsetzung von Wien 1683. Idem fec. gr. qu. fol. Unten rissig.
873. Dasselbe. Fleckig und beschnitten.
874. Triumpheintritt Kaisers Leopold in das Zelt des Grossveziers nach der Vertreibung der Türken. Idem fec. qu. 4.
875. 15 Bl. Belagerungen und Gräuelscenen aus dem niederländischen Krieg. Idem fec. qu. fol. Meist späte Abdrücke.
876. Prinz Wilhelm Heinrich von Oranien leistet den Eid als Statthalter. Idem fec. qu. fol.
877. Eroberung und Verbrennung der französischen Flotte bei Vigos. Radirt. qu. fol.
878. 11 Bl. Paradebett, Leichenzug, Stammbaum etc. des Landgrafen Ludwig von Hessen. Mit Schreibschrift. 17. Jahrh. qu. fol.
879. Leichenzug der Prinzessin von Oranien zu Delfft 1675. R. de Hooghe fec. gr. qu. fol.
880. Grande Parade du Sieur Mahyeu; Ecuyer briveté de Sa Majesté Imperiale Royale Apostolique. Halbkreis. Radirt. qu. fol.

881. 2 Bl. Bewaffneter Aufzug der tumultuirenden Mönche zu Paris unter Rector Roose. qu. fol.
882. Segelwagen des Prinzen Moritz von Oranien. Mit deutschen Versen in Typen. Wahrscheinlich von de Gheyn. qu. fol.
883. Erneuerte Allianz und Ceremonien zwischen Ludwig XIV. und der Eidgenossenschaft Abgesandten zu Paris 1663. gr. fol.
884. Ceremoniell bei Ueberreichung des Hosenbandordens an Prinz Moritz im Haag 1613. Mit langem holländischen Typentext. qu. roy. fol.
885. Schiffbruch eines englischen Schiffes bei der Insel Pines 1589. Wahrscheinlich aus Merian. qu. fol.
886. Beschreibung dess auss Irrland Königl. Majestät in Schweden ankommenten Volks. 1631. Mit Typentext. fol.
887. Schlacht bei Senta an der Theiss zwischen den Kaiserlichen und Türken 1697. Mit Typentext. fol.
888. Sieg Herzogs Ferd. von Braunschweig über die Franzosen bei Crefeld 1758. qu. fol.
889. Plan von Gibraltar 1782. C. Schütz sc. Mit Erklärung in Typendruck. qu. fol.
890. Illumination des Königl. Preussischen Gesandten zu Dresden bei der Vermählung des Königs 1708. M. Bodenehr sc. qu. fol.
891. Rittertafel (Gastmahl) des Markgrafen Georg Wilhelm von Brandenburg-Bayreuth zu St. Georgen am See 1722. qu. fol.
892. Illumination zu Ehren Kaisers Carl VI. zu Berlin. fol.
893. 3 Bl. Krönungsfeierlichkeiten des Königs Carl Gustav und seiner Gemahlin Hedwig Leonore zu Upsala 1654. W. Swidde sc. qu. fol.
894. Wandkalender auf 1720, mit der Abbildung des Passarowitz'schen Friedensschlusses 1719. J. A. Pfeffel exc. roy. fol.
895. Französischer Kalender 1655. Von J. Le Pautre. fol.
896. Kaiser Joseph I., von der Jagd zurückkehrend, verehrt die von einem Priester vorübergetragenen Sterbesacramente. C. Luyken fec. qu. fol.
897. Vogelschiessen zu Dresden 1708 mit den Preismedaillen. M. Bodenehr sc. qu fol.

898. Belagerung und Entsetzung von Wien 1683. J. A. Böner sc. gr. qu. fol.
899a. 16 Bl. Religionsgebräuche der Heiden. C. Decker fec. Radirt. qu. fol. Zum Theil doppelt.
899b. Ein starkes Convolut mit Darstellungen aus Suecia antiqua et hodierna, zum Theil nach Graf Dahlberg's Zeichnungen: Ansichten, Pläne und Begebenheiten aus der Schwedischen Geschichte. fol.
900. Statue des Herzogs Alba zu Antwerpen (sie wurde bekanntlich durch die Niederländer zerstört). fol.
901. Eine Quäkerversammlung; eine Frau predigt. J. Bormeester exc. gr. qu. fol.
902. Allegorie auf die Bedrückungen der Niederländer durch den französischen Krieg und durch Wassersnoth 1672 und 1674. 9 Darstellungen. Radirt. R. de Hooghe fec. qu. fol.
903. Spottbild auf Herzog Alba. Mit der Statue desselben und dem Prinzen von Oranien mit Gefolge zu Pferd. Radirt. gr. qu. fol.
904. Allegorie auf die Bedrückungen der Niederlande durch Alba; mit der Hinrichtung von Horn und Egmont. qu. fol.
905. Triumph Kaisers Leopold über die Türken. Grosse figurenreiche Allegorie. Van der Bruggen exc. qu. roy. fol. Rissig.
906. Dasselbe. Ebenso.
907. Holländisches Spottbild auf die katholische Kirche. Die Zeit und eine Frau entblössen den Papst. P. Merecynis sc. qu. fol.
908. Dasselbe.
909. Triumph Kaisers Leopold über die Türken, unten seine Krönung zu Pressburg. R. de Hooghe fec. roy. fol.
910. Holländischer Wandkalender 1674. Mit Portraits gleichzeitiger holländischer Fürsten, Generale und Admirale. Idem fec. roy. fol.
911. Misluckte Papen Krych en de Fransche Verhuys Tydt 1674. Vier Allegorien mit Typentext. Idem fec. gr. fol.
912. Holländischer Wandkalender 1676. Mit Portraits in Bezug auf die Niederlage der Türken. Idem fec. gr. qu. fol.
913. Allegorie auf die Erwählung Carl Heinrichs zum Erzbischof von Mainz. Idem fec. gr. fol.

914. Dasselbe, nach Ausscheidung der Dedication unten.
915. Allegorie auf Feldmarschall von Schoning. J. C. Böcklin sc. fol.
916. Allegorie auf die Fischerei in Holland mit der Ansicht von Utrecht. Wahrscheinlich von P. Feddes von Harlingen sc. Radirt. qu. fol.
917. 50 Bl. diverse historische Begebenheiten, Staatsactionen, politische Allegorien, Pläne, Prospecte, Karten etc.

Convolut von Handzeichnungen.

918. 364 Bl. Handzeichnungen von meist älteren Künstlern im verschiedensten Format.

Convolute von Kupferstichen.

Von meist älteren Kupferstechern im verschiedensten Format.

919. 705 Bl. biblische Darstellungen und Heilige.
920. 277 Bl. mythologische und allegorische Darstellungen.
921. 413 Bl. Bücher- und Kalenderkupfer.
922. 629 Bl. Genrebilder, Köpfe etc. Dabei eine Partie neuer schwacher Abdrücke von Dürer's Originalstich: Die drei Bauern.
923. 370 Bl. Landschaften und Thiere.
924. 344 Bl. Ansichten, Prospecte, Pläne und Karten aus dem 17. und 18. Jahrhundert.
925. 91 Bl. Architecturen und plastische Bildwerke.
926. 85 Bl. Abbildungen von Münzen, Siegeln und Miniaturen.
927. 318 Bl. Portraits. Dabei 48 Abdrücke der Originalplatte von A. Dürer's Portrait des Melanchton, in neuen Abdrücken.
928. 66 Bl. Handzeichnungsimitationen.
929. 128 Bl. zum Theil Radirungen von späteren deutschen Meistern.

Illustrirte Werke.

930. Hans Sachs im Gewande seiner Zeit. Gotha, Becker 1821. fol. Pappband.

931a.b. Holzschnitte alter deutscher Meister in den Originalplatten gesammelt von Hans Albrecht von Derschau. Herausgegeben von R. Z. Becker. Gotha 1810. 16. gr. fol. 2. 3. Lfg.
(Die erste Lieferung siehe hinten Nr. 1184.)
932. Bildnisse der Urheber und Beförderer, auch einiger Gegner der Religions- und Kirchenverbesserung im 16. Jahrhundert. Mit gleichzeitigen Holzschnitten. Gotha, Becker, 1817. fol.
933. W. Hogarth's sämmtliche Werke. Verkleinerte Copien in Lithographien. Leipzig, E. Poenicke. 4. Schlechte Abdrücke und defect.

934a.b. Eine reiche Sammlung, von 542 Blatt, von plastischen Bild- und Bauwerken der Egypter, Etrusker, Griechen und Römer. Aus verschiedenen älteren und neueren Hauptwerken und im verschiedensten Format. Auf Untersatzbogen gelegt und in zwei grossen Kastenmappen oder Kapseln.

---

935. 10 ziemlich grosse Kastenmappen oder Pappkapseln mit Leinwandrücken und Bändern.

Portraits,
Zum grossen Theil seltene.
Nach den Stechern geordnet.

Deutsche Schule.

J. Amman.
936. Hans Sachs, nach dem Bilde von Herneysen. Radirt. fol. Andresen 11. Alter II. Abdruck. Aufgezogen.

Nic. Andrea. (?)
937. Wilh. Alard, Pfarrer in Wilster. 1617. Radirt. 4.

J. F. Bause.
938. C. G. H. von Hoym, preussischer Staatsminister. J. A. Bardou p. fol. Keil 148. Seltener zweiter Abdruck vor dem Orden.

939. C. F. Gellert. A. F. Oeser p. fol. K. 178. Alter Abdruck.
940. William Pitt. Hoare p. 4. K. 142. Selten. Der Rand angesetzt.

E. Binograsoff und A. Grekoff. (Russen.)

941. Teimurei Nicolaiewitsch, Fürst von Grusinien etc. A. Antropoff p. fol.

M. Bodenehr.

942. 3 Bl. Portraits von Pastor G. Müller, J. L. Nicolai und C. C. Dedekind. Halbfiguren. fol. Aus früher Zeit der Schwarzkunst. Das erstere Blatt farbig gedruckt.

A. Bottschildt.

943. Sam. Miller, Pfarrer zu Sangerhausen. Brustbild. 1644. Radirt. 8.

A. Bretschneider.

944. Heinr. Eckhardt, Theolog. Brustbild. Radirt. 8. Beschnitten.

D. Chodowiecki.

945. O. C. Schöne. E. II. Abel p. 8. Engelmann 716.

D. Conrad.

946. Val. Heerbrand, sächsischer Hofprediger. Halbfigur mit reichem Beiwerk. Radirt. 4.

L. Cranach jun.

947. Phil. Melanchthon. Ganze Figur. 1561. Holzschnitt. Mit der lateinischen Ueberschrift und auf der Rückseite Text. Ein Hauptblatt. fol.

M. Eccard.

948. Dav. Nerreter, Pfarrer. Halbfigur. Schwarzkunst. 4 Etwas fleckig.

M. Engelbrecht.

949. Jos. Schaitberger, Anführer der Salzburgischen Emigranten. Ganze Figur. P. Decker del. fol. Nebst besonderem Textblatt mit Schaitberger's Biographie.

F. Friedrich.

950. L. Schrader, brandenburgischer Kanzler. 4. Andresen 7. Zweiter Abdruck aus Seidel. Aufgezogen.

J. Falk. (Der Pole.)

951. Arwed Wittenberg, schwedischer General. Brustbild. D. Beck p. fol. Schöner Abdruck.

952. Leonh. Torstensohn. Brustbild. Idem p. fol. Ebenso.
953. Georg, Herzog von Ossolin, Graf von Ossolinski. Brustbild. fol. Guter Abdruck. An der linken Seite etwas verschnitten.
954. Nath. Schmider, Bürgermeister von Danzig. Halbfigur. fol. Guter Abdruck. Etwas brüchig.
955. Joh. Müller, Pfarrer zu Hamburg. Halbfigur. G. Dittmars p. fol. Scharf beschnitten.
956. Dasselbe Blatt. Ebenso. Künstlernamen und Adresse von S. König unten weggeschnitten.
957. Axel Oxenstierna. Brustbild. fol. Zweifelhaft. Guter Abdruck.
958. Lucas, Graf de Bnin Opalinski. D. Schultz p. fol. Ganz verschnitten.
959. Hartwich Wichelmann, Philosoph. Halbfigur. P. Westphahl p. 4. Selten. Späterer Abdruck, bläulich gedruckt, von der rostfleckigen Platte.

G. und M. Fennitzer.
960. 33 Bl. diverse Nürnbergische Portraits. Aus früherer Zeit der Schwarzkunst. 4. 8. 12.

N. Hautt.
961. Joh. Sambucus, Medicus und kaiserl. Bibliothekar zu Wien. Brustbild in Ziercartouche. fol.

N. Häublin.
962. Bernhard, Herzog von Sachsen. Kniestück. M. Merian p. Radirt. gr. fol.
963. Joh. Chr. Mühlbach. Halbfigur. Radirt. fol.
964. 14 Bl. diverse Portraits. Radirt. 4. 8.

A. Haelwegh.
965. Holger Vind, dänischer Geheimrath. Brustbild. H. Dithmarsen p. fol. Etwas fleckig. Rumohr und Thiele 125.*)
966. Tycho de Brahe. Brustbild mit der Himmelskugel. 8. Sehr zweifelhaft, und wahrscheinlich von J. de Gheyn.
967. Gottf. Kilian, Pastor zu Glückstadt. Halbfigur. 4. Fehlt Rumohr und Thiele. Sehr beschnitten.

*) Rumohr und Thiele, Die Königliche Kupferstichsammlung zu Kopenhagen. Leipzig 1835.

W. Hollar.

968. Der Türke mit geblümter Weste (Mehmet Bassa). 8. Parthey 2010. Guter Abdruck. Aufgezogen.
969. Rich. Barnard. 8. P. 1363. Schöner Abdruck, bis zum Stichrand beschnitten.
970. Jac. Shirläus. Büste auf einem Sockel. 8. Fehlt Parthey. Schöner Abdruck.
971. Mr. Morett. Oval. 8. P. 1470. Zweiter, Parthey fehlender Abdruck mit der Nr. 2.

J. Jacobé.

972. 3 Bl. J. v. Sonnenfels, F. F. Schrötter, Ch. Sonnleithner. Brustbilder. H. Maurer, F. Messner und Donat p. Schwarzkunst. 8.

B. Jenichen.

973. Joh. Agricola. 8. Andresen, deutscher Peintre-Graveur II. Band. 1.
974. Mart. Bucer 8. A. 6.
975. Joh. Brentius. 8. A. 5.
976. Paul Eber. 8. A. 13.
977. Joh. Bugenhagen. 8. A. 7.
978. Ph. Wagner. 8. A. 36.

Aug. John.

979. 2 Bl. Sal. Petri, Pastor zu Steinberg in Holstein. Brustbild. Oval. 8. Früherer und späterer Abdruck.

L. Kilian.

980. Portrait des Danziger Schreibmeisters A. Möller, in allegorischer Einfassung. qu. 4.
981. 17 Bl. diverse Portraits von Geistlichen, meist fliegende Blätter mit Typendruck. fol.

J. F. Leonart.

982. 6 Bl. Portraits. Ulr. Hafner, M. Haller, E. C. Holzschuher etc. 4. 8. Radirt. Andresen 34. 39. 52 etc.*)
983. 2 Bl. Jaroslav Graf von Martinitz, und Humbert Graf Czerin. Grabstichelblätter. 4. A. 153. Letzteres fehlt Andresen.

---

*) Vergl. Joh. Fr. Leonart, von Dr. A. Andresen, in Naumann's und R. Weigel's Archiv für die zeichn. Künste. 7. und 8 Jahrgang.

Dan. Lindemeier (von Halberstadt).
984. Thom. Mancinus, Musiker. Gürtelbild. fol.

Graf Lynar.
985. Portrait des Anführers der Salzburgischen Emigranten. Brustbild. Originalzeichnung mit Bleistift. 8.

A. Mair.
986. St. Stanislaus Kostka empfängt die heilige Eucharistie. 8. Fehlt B. und Pass.

C., J. und R. Meyer.
987. 12 Bl. diverse Portraits, meist schweizer Theologen. Radirt. 4. 8. 12.

Müller (Dilettant zu Göttingen).
988. 2 Bl. Portrait von Ramler und J. M. Müller, letzteres nach Rouby. Radirt. 4. 8.

A. P. Multz.
989. Herzog Ferd. Albrecht von Braunschweig. Kniestück. Aus früherer Zeit der Schwarzkunst, wie die Folgenden. gr. fol. Selten. Scharf beschnitten.
990. 4 Bl. Leonh. Beil, A. Hüls etc. fol. 4.

Franz Oesterreich.
991. Meno Hanneken, Superintendent zu Lübeck. Halbfigur. Aus früherer Zeit der Schwarzkunst. fol. Etwas beschädigt. (Vergl. L. de Laborde, Histoire de la Gravure en manière noire. Paris 1839.)

J. G. Pflugfelder.
992. A. G. Kottmeier, Domprediger zu Bremen. Brustbild. Punktirt. Oval 4.

V. D. Preisler.
993. J. D. Haard, Gampist des Königs Stanislaus etc. Schwarzkunst. fol.

C. Richter (Goldschmied).
994. Herzog Joh. Ernst von Sachsen auf dem Paradebett. A. Richter fiuxit. qu. fol.

C. G. Ringe.
995. 8 Bl. Portraits Hamburger Geistlicher. Aquatinta. 12.

G. Ph. Rugendas.
996. P. H. Schad, Senator zu Frankfurt. Brustbild. M. Merian p. Schwarzkunst. fol. Wegen Risse aufgezogen.

G. F. Schmidt.
997. Fr. von Görne, Minister. A. Pesne p. fol. Jacoby 70. Alter Abdruck. Etwas brüchig.
998. G. F. Händel, Musiker. fol. Jac. 46. Eins der seltensten und kostbarsten Blätter des Meisters.
999. J. B. Rousseau. J. P. Sauvage p. 8. Jac. 22.
1000. A. F. Büsching. Eriksen p. 4. Jac. 90.

H. Sibmacher.
1001. 4 Bl. Portraits aus der ungarischen Chronik des Ortelius. Radirt. 4. (Vergl. den II. Band von Andresen's deutschem Peintre-Graveur.)

T. Stimmer.
1002. Joh. Frisius. Holzschnitt, wie die Folgenden. 8. Pass. 82. Aufgezogen.
1003. B. Sch....., Musiker. Brustbild in Passepartout. fol. Mit Text auf der Rückseite.
1004. 75 Bl. aus den Imagines des Jovius. 8.
1005. 8 Bl. aus der ersten lateinischen Ausgabe des Reusner'schen Contrafacturbuches. 8.
1006. 17 Bl. aus der deutschen Ausgabe dieses Buches.
1007. 69 Bl. aus der zweiten lateinischen Ausgabe desselben 1590.
1008. 59 Bl. aus der spätern Ausgabe von 1716.

A. Stöttrup.
1009. J. Juel, Maler. Medaillon. C. H. Kniep del. Roth punktirt. fol.

L. Strauch.
1010. Dan. Hänichen, sächsischer Hofprediger. Radirt. 4. Andr. 6. Zweiter Abdruck.

G. Strauch.
1011. 5 Bl. J. C. Arnschwanger, J. Kissling etc. Radirt. 8.

St. Strauch.
1012. 2 Bl. J. G. Hofmann, und C. Fentzel. Radirt. 12.

J. C. v. Thill.
1013. J. H. Imhof. Halbfigur. Radirt. 4.

H. Troschel.
1014. Jac. Troschel, polnischer Hofmaler. Brustbild. 8.

E. Tschemesoff. (Russe.)
1015. Ungenanntes Portrait eines russischen Staatsmannes. F. P. S. Rokotoff p. gr. 4.

J. Züberlein.
1016. 4 Bl. diverse Portraits Tübinger Professoren. Holzschnitte. 8.

Niederländische Schule.
J. Aquila. (A. van Halen.)
1017. J. de Decker, Musiker. Brustbild in Oval. Rembrandt p. Schwarzkunst. 4.

H. Bary.
1018. Simon Episcopius, Professor zu Leyden. Brustbild. M. Sorg p. fol. Später Abdruck.
1019. 3 Bl. Joh. van Oldenbarnevelt. M. Mierevelt p. H. Grotius, und V. Fabricius. A. Hannemann und M. Thiel p. 4. 8. Fleckig.

P. van den Berge.
1020. Joh. Brandt, Pastor zu Amsterdam. Halbfigur in Oval. fol.
1021. A. Hinckelmann, Pfarrer zu Hamburg. Brustbild. Schwarzkunst, wie die Folgenden. fol. Scharf beschnitten.
1022. Sam. Schulz, Superintendent von Dithmarschen. J. Luhn p. fol. Aufgezogen und gebräunt.
1023. J. D. Schafhausen, Senator von Hamburg. Halbfigur. fol. Ebenso.
1024. Dasselbe Blatt. Der Schriftrand abgeschnitten.
1025. Joh. Schulte, Hamburgischer Senator. Kniestück. fol. Beschnitten.
1026. C. Hasäus, Pfarrer zu Hamburg. Brustbild. gr. 4. Fleckig und brüchig.

A. Blootelingh.
1027. G. J. Vossius. J. v. Sandrart p. fol. Aufgezogen.

D. Coster.
1028. Jan de Bisschop, Maler. Brustbild. J. de Baane p. 4.

W. Deiff.
1029. H. Grotius. Brustbild. M. Mierevelt p. fol. Schöner Abdruck. Auf der Rückseite Text.

1030. 3 Bl. H. Tombergius, H. de Ries etc. Idem p. 4.

J. Gole.

1031. Otto Wilh. v. Königsmark. Brustbild. Schwarzkunst. Oval. 4.

P. van Gunst.

1032. 6 Bl. diverse holländische Portraits, dabei B. Becker und S. Epicopius. fol.

P. Holsteyn.

1033. 2 Bl. C. Drelincourt, W. Vaillant del., und Joh. Cools, Dichter, letzteres mit Versen in Typen unten. fol. 8. Aufgezogen und fleckig.

J. Houbraken.

1034. G. W. von Imhoff, General. J. M. Quinkhard p. fol.
1035. D. Millius, Professor zu Utrecht. Idem p. fol.
1036. P. van Musschenbrock, Naturforscher. Idem p. fol.
1037. W. Peiffers, Pfarrer zu Amsterdam. Idem p. fol.
1038. H. A. Röell, Theolog. J. Wandelaar del. fol.
1039. J. Visscher, Pastor zu Amsterdam. J. M. Quinkhard p. fol.
1040. Dasselbe. Verschnitten.
1041. J. Temmink, Pastor zu Amsterdam. Idem p. fol.
1042. E. de Vry Temminck, Bürgermeister zu Amsterdam. J. Wandelaar del. fol.
1043. C. Houthoff, Pastor zu Amsterdam. J. M. Quinkhard p. fol.
1044. P. C. Hooft, Dichter. M. Miercvelt p. fol.
1045. Joh. van den Honert, Professor zu Leyden. H. van der My p. fol.
1046. G. A. Hasselaer, Bürgermeister von Amsterdam. J. Wandelaar del. fol.
1047. G. Hooft, Bürgermeister zu Amsterdam. Idem del. fol.
1048. J. van Arxhouck, Prädicant. P. Octs p. fol.
1049. G. Lord Anson, Viceadmiral. J. Wandelaar del. fol.
1050. Romeyn de Hooghe, Zeichner und Radirer. H. Bos p. 4.
1051. A. a Cattenburg, Professor und Theolog. J. Wandelaar del. kl. fol.
1052. N. Struyck. Halbfigur. J. M. Quinkhard p. 4. Fleckig.
1053. P. Boddaert, Lehnhofsschreiber. P. van Dyck p. 4.

1054. A. H. Cardinal de Fleury, Medaillon von Diogenes gehalten. H. Rigaud und Antreau p. kl. fol.
1055. H. Grotius. M. Mierevelt p. fol.
1056. 8 Bl. diverse Portraits: L. Ricci, H. van Loo etc. 4.

P. de Jode.

1057. P. Halmalius. A. van Dyck p. fol. Scharf beschnitten. Nach G. H.

C. Koning.

1058. Desiderius Erasmus von Rotterdam. H. Holbein p. gr. fol.

J. Matham.

1059. Cornelius Musius, Martyrer zu Delff. Brustbild in Oval. 4. Fehlt Bartsch. Sehr seltener, aber matter Abdruck auf Atlas.

C. de Passe.

1060. Joh. de Ney, Friedensunterhändler. 4. Brüchig und aufgezogen.
1061. H. Donelli, Jurist. 8.
1062. Carl de Becquoy. Brustbild mit Passepartout. fol.
1063. J. Angelius (Engel), Jurist. 8. Beschnitten.

P. Picknert.

1064. Gerbrand van Leeuwen, Professor. Brustbild. Schwarzkunst. 4. Selten.

St. de Praet.

1065. Meletios, griechischer Theolog, als Metropolit von Ephesos. Kniestück. W. Hondius del. Danzig 1645. kl. fol. Selten. Etwas fleckig.

A. Santvoort.

1066. J. Hoornbeek. Halbfigur. Radirt. fol. Faltig und scharf beschnitten.

S. Savry.

1067. D. R. Camphuysen. Brustbild in einem Kranz mit allegorischem Beiwerk. C. Castleyn del. 4. Scharf beschnitten.
1068. A. Waläus, Theolog. Brustbild. Baly p. 4. Auf der Rückseite Text.

P. Schenk.

1069. 33 Bl. diverse Portraits in Schwarzkunst. fol. 4.

F. van Schooten.
1070. Renat Descartes. Brustbild in Oval. 8. Auf der Rückseite Text.

M. A. Schurman. (?)
1071. Gisbert Voetius. Brustbild in Oval. 4. Scharf beschnitten.

J. Suyderhoef.
1072. Claudius Salmasia. 4. Wussin 75.*) Schöner Abdruck. Mit dem Text auf der Rückseite. Aufgezogen eines Risses wegen, scharf beschnitten.
1073. Joh. de Mey. C. Eversdyck p. 8. W. 55. Guter Abdruck, aber verschnitten.
1074. Reiner Neuhus. V. Bergh del. 8. W. 60. Mit Text auf der Rückseite, welchen Abdruck Wussin nicht angiebt. Matt.
1075. J. de Beyma. 4. W. 11. Guter Abdruck. Beschädigt.
1076. Gisbert Voetius. fol. W. 93. Zweiter (richtiger dritter) Abdruck mit verändertem Kopf.
1077. Joh. Coccejus. D. Bailly p. fol. Ist das Portrait des A. Kyper W. 49 in III. Abdrucksgattung.
1078. Joh. Clauberg. J. C. Pfeffer p. fol. W. 19. Dritter, W. unbekannter Abdruck von der beschnittenen Platte, die Künstlernamen fehlen und die Unterschrift ist zweizeilig. Aus van der Aa's Portrait-Sammlung.
1079. E. Swalm. Rembrandt p. fol. W. 84. Ebenso.

J. Thomas van Ypern.
1080. St. Carl Boromäus. Brustbild. Aus frühester Zeit der Schwarzkunst. 4. Sehr seltenes Hauptblatt. Beschnitten.

J. Toornvliet.
1081. St. Jacobus. Halbfigur. Schwarzkunst. 4. Sehr selten.

W. Vaillant.
1082. Laurenz Homma, Pastor zu Amsterdam. Brustbild. Schwarzkunst. gr. 4. Wessely 47.**)

---

*) Jonas Suyderhoef, Verzeichniss seiner Kupferstiche von J. Wussin. Leipzig 1861.
**) Walleraut Vaillant, Verzeichniss seiner Kupferstiche und Schabkunstblätter, von J. E. Wessely. Wien 1865.

Unbekannt.
1083. Jacob Cats, Dichter. Brustbild. Schwarzkunst in J. de Groot's Manier. 4.

J. van de Velde.
1084. Bogardus, Theolog. Halbfigur. Radirt. 8.

C. Visscher.
1085. Ludovica Christina, Gräfin von Solms. G. Honthorst p. gr. fol. Etwas verschnitten.

J. Visscher.
1086. Arnold Verhellius, Philosoph. Halbfigur. P. Schick del. 4. Schöner Abdruck. Aufgezogen.

L. Visscher.
1087. Stanislaus de Lubienietz. Brustbild in Oval. M. Scheits p. 4. Aufgezogen.
1088. Nic. Tulpius. Brustbild in Oval. 8.

L. Vorsterman.
1089. Hubert van den Eynden. Halbfigur. A. van Dyck p. 4. Mit zugelegter Adresse. Scharf beschnitten.

J. C. Weyerman. (?)
1090. Heinrich Velse, Pfarrer im Haag. Brustbild in Oval. Radirt. 4.

J. J. Wieland.
1091. Joh. Claubergius. Brustbild. J. C. Pfeffer p. Copie nach Suyderhoef. 4. Beschnitten.

H. Wierex.
1092. Aloysius Gonzaga. Ganze Figur in einer Landschaft. 8.

T. van der Wilt.
1093. Dirk Scholl, Organist zu Delfft. Halbfigur in Oval. Schwarzkunst. 4. Schön und selten.

A. Zylvelt.
1094. Hermann Wistius, Theolog. Halbfigur. J. Heymans p. fol.
1095. N. Arnold, von Lesny in Polen, Theolog. Halbfigur. fol.

Franzosen und Italiener.

P. M. Alix.
1096. J. G. Mirabeau. Brustbild. L... p. Farbige Schwarzkunst. Oval. fol. Der Rand umgebrochen.

A. St. Aubin.

1097. Voltaire. Brustbild in Medaillon, nach der Büste von J. B. Lemoyne. 4.

J. F. Balechou.

1098. Voltaire. Halbfigur. M. Q. de Latour p. 8. Selten.

Chevalier de Berny.

1099. Joh. Calvin. Brustbild. Mantel, Kappe und Umgebung sind aus Schreibezügen gebildet. 4.

F. Chereau.

1100. Conr. Detlev von Dehn, Braunschweigischer Minister und Gesandter. Kniestück. H. Rigaud p. gr. fol. I. Abdruck vor dem Orden und den Jahreszahlen. Mit einer Bruchfalte.

1101. Peter Bayle. Halbfigur. fol. Ohne Plattenrand.

J. Chereau.

1102. Marie de Rabutin Chantal, Marquise de Sévigné. Brustbild. 8.

C. Coypel.

1103. J. P. Maroulle, Kunstfreund. Brustbild. Radirt. 4. Rob.-Dum. 22.

J. Daullé.

1104. J. A. Carlos Seixas, Componist. Halbfigur. F. Vieira del. 4.

M. Desbois.

1105. Franz Maurocenus, venetianischer Procurator. Brustbild in Oval. Radirt. 4. Fehlt Rob.-Dum.

G. Edelink.

1106. J. P. Bignon, Abt von St. Quentin. L. C. de la Roue p. gr. fol. Rob.-Dum. 151. Dritter Abdruck. Etwas fleckig und faltig.

1107. J. Savary. C. Coypel p. 4. Rob.-Dum. 314.

E. Fiquet.

1108. J. Bernouilli, Mathematiker. Brustbild in Oval. J. Huber p. 8. Faucheux 14.*)

O. Gatti.

1109. F. Albergati. Radirt. 4. B. 61.

---

*) L. E. Faucheux, Catalogue rais. de toutes les estampes de E. Ficquet, P. Savart et J. B. et J. P. S. de Gratelonp. Paris 1864.

Th. de Leu.
1110. Michel de Montaigne. Brustbild. 8. Etwas fleckig.
M. Lasne.
1111. Cardinal Richelieu. Ganze Figur. fol.
1112. Derselbe. Brustbild in Oval. gr. 4.
R. Nanteuil.
1113. C. Faure, Abbé. Brustbild. Rob.-Dum. 94. 8.
F. de Poilly.
1114. F. A. de Monteil de Grignan, Erzbischof von Arles. Brustbild in einem Kranz. Stresor p. fol. Aufgezogen.
A. Romanet.
1115. P. L. Dubus de Preville, Schauspieler. Brustbild in Oval. fol.
A. Vallée.
1116. Louis, Cardinal de Guise. Brustbild. 8. Rob.-Dum. 132.
P. Woeiriot.
1117. Joh. Calvin. Brustbild. Oval. 8. Rob.-Dum. 277. Zweiter, Rob.-Dum. unbekannter Abdruck mit Wegschleifung der Worte Ludovico Mazurio und mit einem lateinischen Gedicht in Typendruck unten. Vignette zu der Institutio christ. relig. Genevae 1607. fol.
1118. Derselbe anders. Halbfigur. Oval. 8. Fehlt Rob.-Dum.
1119. Nic. Piso (Le Pois). Brustbild. Oval. 8. Rob.-Dum. 293. Auf der Rückseite Text. Abgeschnitten.
L. Zucchi.
1120. J. A. Lipski, Bischof zu Krakau. Brustbild in Oval. A. Pesne p. fol.
1121. Joh. Malachowski, polnischer Prokanzler. Brustbild in Oval. L. de Silvestre p. fol.

Engländer.

M. Ardell.
1122. Richard Tyrell, Marineoffizier. Th. Hudson p. Schwarzkunst. fol.
J. Faber.
1123. Joh. Oecolampadius. Brustbild. Schwarzkunst. fol.

W. Faithorne.

1124. Henr. Morus, Dichter. Kniestück, unter einem Baum sitzend. fol.
1125. J. Wallis, Professor zu Oxford. Brustbild. 4.
1126. R. Hooker. Brustbild in architektonischer Einfassung. fol.
1127. S. Bolton, Theolog. Brustbild. 4.
1128. J. Glanuill. Brustbild. 4.
1129. R. Brownrig, Prälat. Brustbild. 4.

J. V. Rymsdyck.

1130. Friedrich Heinrich, Prinz von Oranien, und Gemahlin. Ganze Figuren. J. Jordaens p. Schwarzkunst. gr. fol. Scharf beschnitten und aufgezogen.

D. Loggan.

1131. E. Reynolds, Bischof von Norwich. Brustbild. fol.

P. Lombart.

1132. G. Charlton, Mediciner. Halbfigur. 8.

W. Marshall.

1133. Desiderius Erasmus von Rotterdam, nach H. Holbein. 4. Auf der Rückseite Text.
1134. F. Quarles, Dichter. Halbfigur. 8.

J. Payne.

1135. Lancelot Andrews, Bischof von Winton. Brustbild. 4.

J. Hall.

1136. E. Gibbon. Brustbild. T. Reynolds p. 4.

J. Smith.

1137. Mich. de Molinos, Quietist. Brustbild. Mezzotinto. 4.

G. Vertue.

1138. Thomas Gresham, Ritter. Brustbild. fol.

Convolute.

1139. 166 Bl. Portraits von Leipzigern und Leipzigerinnen, von Bause, Bernigeroth, Sysang, Romstedt u. A. Meist in Folio und Grossfolio, wie die Folgenden.
1140. 35 Bl. Nürnberger, von Preisler, Vogel u. A.

1141. 21 Bl. Hamburger, von Fritzsch, Lehmann, Bernigeroth u. A.
1142. 29 Bl. Augsburger, von Haid, Kilian, Wolfgang u. A.
1143. 34 Bl. Frankfurter, von Haid, Heiss, Preisler, Vogel u. A.
1144. 62 Bl. verschiedene deutsche und fremdländische Portraits, meist in grösserem Format, dabei manches interessante Blatt. In einer Mappe.
1145. 22 Bl. ältere Portraits in Holzschnitt, meist aus der Sächsischen Schule vom Ende des 16. und Anfang des 17. Jahrhunderts. 4.
1146. 90 Bl. diverse deutsche Portraits, zum Theil von Künstlern und Gelehrten und in kleinerem Format.
1147. 189 Bl. aus Boissard's Portraitsammlung von de Bry gestochen, zum Theil doppelt und mehrfach. 4.
1148. 56 Bl. Portraits berühmter Männer der Reformationszeit, von einem unbekannten Stecher vom Schluss des 16. Jahrhunderts. 8.

Kupferstiche, Radirungen etc.

C. Agricola.
1149. Scene aus Hebel's allemannischem Gedicht „Die Wiese". Lithographie. qu. fol.
1150. Dasselbe.

Ch. Alberti.
1151. St. Franciscus mit Crucifix und Engel. fol. Fehlt Bartsch. Fleckig und aufgezogen.

N. Boldrini.
1152. Landschaft mit Hirt und melkender Hirtin. Tizian inv. Holzschnitt. gr. qu. fol. Späterer Abdruck.

P. Caporall.
1153. Blindekuh spielende Kinder. N. Poussin p. Unter Longhi's Leitung gestochen. qu. fol. Vorzüglicher Abdruck vor der Schrift, mit Velten's Stempel.

C. Frommel.
1154. 8 Bl. Landschaften und Ansichten aus Rom und bei Neapel. Radirt. qu. 8. Vor der Schrift.

C. Haldenwang.

1155. 16 Bl. Landschaften. Ideen, gezeichnet von Wehle. Aquatinta. qu. 4. In Umschlag.
1156. 6 Bl. landschaftliche Entwürfe nach Wehle. Aquatinta. qu. 4. Geheftet.
1157. 2 Bl. Landschaften mit Mühle und Wasserfall. Aquatinta. qu. fol. Vor der Schrift.
1158. 2 Bl. Erste und zweite Ansicht des Thuner Sees im Kanton Bern. J. J. Strüdt p. Aquatinta. fol.
1159. 2 Bl. Dieselben.
1160. 2 Bl. Dieselben.
1161. Landschaft mit Dorf zwischen Bäumen. Aquatinta. fol. Vor der Schrift.

C. Heinzmann.

1162. 6 Bl. Ansichten aus der Schweiz. Lithographien. gr. qu. fol.

M. Merian.

1163. Schloss und Schlossgarten zu Heidelberg. qu. fol.

J. Oberthür.

1164. Die heil. Jungfrau mit dem schlafenden Kinde. Parce Somnum rumpere. Tizian p. qu. fol.

B. Rode.

116). 4 Bl. Biblische und mythologische Darstellungen. Radirt. Rund. 4.

J. G. Schreiner.

1166. Ecce homo. Schlotthauer p. Chines. Papier. 4.

J. Thäter.

1167. Scene aus Goethe's Faust: Der Spaziergang. P. Cornelius del. Leicht schattirt und erste Platte des Künstlers. qu. fol. Der Rand gebräunt.

Kupferwerke und Hefte.

1168. 12 Bl. Ansichten von Dessau und Wörlitz in XII Aquatinta-Blättern, gezeichnet von Kunz und Wehle, gestochen von Haldenwang und Schlotterbeck. Aquatinta. qu. fol.
1169. 19 Bl. Ansichten aus Baden und der Schweiz. Lithographien von Ekeman-Alleson. fol. qu. fol.

1170. 10 Bl. Pferde, von C. Gessner. Radirt. qu. 4.
1171. 85 Bl. grossentheils landschaftlichen Inhalts, gezeichnet und in Kupfer geätzt von C. W. Kolbe. Leipzig bei G. Fleischer 1796. qu. fol. Numerirte Ausgabe. Heft 1—5. Leider fehlt Heft 3 mit den Nummern 62—76.
1172. 2 Bl. Kräuter, von C. W. Kolbe. Zürich bei Trachsler. qu. 4.
1173. 6 Bl. pittoreske Landschaften, gezeichnet von J. G. Wagner, geätzt von Schumann. qu. 4.
1174. Dasselbe Heft.
1175. Dasselbe.
1176. Dasselbe.
1177. Dasselbe.
1178. Dasselbe.
1179. Dasselbe Heft, noch 62 Exemplare.
1180. 20 Bl. Vignetten. Holzschnitte von F. W. Gubitz. Erste Sammlung. qu. 4. 8. qu. 8. 12.
1181. 45 Bl. Tomkin's Naissance et Triomphe de Cupido. Original und Nachstiche von Baumgärtner, Ersteres defect. Punktirte Kupferstiche. 4.
1182. 10 Bl. Vorzeichnungen nach bewährten Mustern. Punktirte Köpfe und Figuren. 2 Hefte. Braunschweig, Bremer'sche Kunsthandlung. fol.
1183. 10 Bl. Dieselben.
1184. Holzschnitte alter deutscher Meister, in den Original-Platten gesammelt von H. A. von Derschau. Gotha bei R. Z. Becker. gr. fol. Nur die erste Lieferung.
(Die zweite und dritte Lieferung siehe vorn Nr. 931a.b.)
1185. 15 Bl. Ansichten des Heidelberger Schlosses und der Stadt Heidelberg, geätzt und herausgegeben von G. Primavesi. Mit dem Text. gr. qu. fol.
1186. Bilderchronik des Sächsischen Kunstvereins. Jahrgang 1828—1834. 7 Hefte.
1187. Die Jahrgänge 1830, 1833 und 1834 derselben Chronik.
1188. 96 Bl. Kupfer aus dem Werk von F. W. Bolt. Portraits und Bücherkupfer und Vignetten, sämmtlich in frühern Abdrücken vor der Verwendung zu den Büchern, zum Theil mit Einfällen. 4. 8. qu. 8.

1189. 133 Bl. Kupfer aus dem Werk von W. Jury, sämmtlich Bücher- und Kalenderkupfer in frühern Abdrücken vor ihrer Verwendung zu den Büchern. 4. qu. 8.
1190. 65 Bl. Convolut mit diversen Kupferstichen und Handzeichnungen, letztere zum Theil Landschaften von Schillinger. In verschiedenem Format.
1191. 53 Bl. Adrian Zingg's Kupferstichwerk. Leipzig, C. Tauchnitz. Vollständiges Exemplar.
1192. Dasselbe Werk.
1193. 11 Bl. Romantische Landschaften, Becker gewidmet, gestochen von A. Zingg. qu. fol. qu. 4.
1194. 11 Bl. Dieselben. Vor der Shrift.
1195. 6 Bl. Landschaften von Demselben, Director Tischbein gewidmet. qu. fol.
1196a. 27 Bl. Landschaften, und Sächsische Ansichten von Zingg und aus seiner Schule, zum Theil colorirt, einige vor der Schrift, dabei die Jagd von Ruysdael radirt und in Sepia.
1196b. Ein Convolut Lithographien, 33 Bl. (Genrebilder).
1196c. Die Giebelfelder am Hoftheater zu Dresden, nach E. Rietschel von T. Langer in 2 Blättern. Dresdener Kunstvereinsblatt. Schmal qu. imp. fol.

Einzelne Blätter aus dem Werke von Zingg in mehrfachen Exemplaren:

1197. 2 Bl. Schrecken des Sommers, und Bedacht auf den Winter. C. W. E. Dietrich und C. Agricola p. qu. fol. Von ersterem 58, von letzterem 60 Exemplare.
1198. 2 Bl. Dieselben. Vor der Schrift, von jedem 30 Exemplare.
1199. 2 Bl. Ansicht von Harlem, und Stolpen; ersteres nach Ruysdael. qu. fol. 53 Exemplare.
1200. 6 Bl. Tharand und Rauenstein, 50 Exemplare. Gegend bei Harlem, nach Ruysdael, 20 Exemplare, Stolpen 20 Exemplare, Tharand 17 Exemplare, Rauenstein 20 Exemplare.
1201. 4 Bl. von denselben: Gegend bei Harlem 74 Exemplare, Stolpen 79 Exemplare, Tharand 82 Exemplare, Rauenstein 80 Exemplare, auf bläulichem Papier.

1202. 2 Bl. Landschaften, nach F. Brandt. qu. fol. 76 und 77 Exemplare.
1203. 2 Bl. Dieselben. Vor der Schrift. Von jedem Blatt 150 Exemplare.
1204. 2 Bl. Dieselben. 59 Exemplare mit der Schrift, 17 Exemplare vor der Schrift.
1205. 4 Bl. grosse Landschaften. qu. fol. Vor der Schrift 10 Exemplare, dabei 11 Exemplare der kleinen Landschaften von Schumann nach Wagner auf 1 Bogen.

Kupferplatten
von Zingg:

1206. 2 Pl. Schrecken des Sommers, und Bedacht auf den Winter. qu. fol.
1207. 2 Pl. Landschaften, nach Brandt. qu. fol.
1208. 4 Pl. Tharand, Stolpen, Rauenstein und Gegend bei Harlem. qu. fol.

Von J. G. Schumann:

1209. 6 Pl. Landschaften, nach G. Wagner. qu. 4.

Von C. Haldenwang:

1210. 6 Pl. Landschaften. Ideen nach Wehle. Aquatinta· qu. 4. *l.*

Portraitsammlung.

1211. Eine grosse Portraitsammlung von 9040 Blättern in älteren Kupferstichen, zum grössten Theil Gelehrte und meist Theologen. Die meisten in kleinerem Format und zum Theil aus Büchern. Auch ist der grössere Theil auf Untersatzpapier gelegt.

Kupferstiche

aus dem ehemaligen Frauenholz'schen Verlag in alten schönen Abdrücken.

J. G. von Müller.

1212. König Ludwig XVI. von Frankreich, in ganzer Figur im Krönungsornate. J. Duplessis p. roy. fol. Andresen 8. V. Abdruck.*)
1213. Dasselbe vorzügliche Blatt. Im untern Rande links etwas eingerissen.
1214. Dasselbe. In früherem IV. Abdruck, vor Ausfüllung des nur angelegten Namens „Louis Seize" und vor Ramboz's Namen. Unten in der Mitte mit der Nadel gerissen „à Nuremberg chez Frauenholz."
1215. Dasselbe. In noch früherem III. Abdruck, nur mit einer Zeile Schrift: „Louis Seize", durch Strichelchen angedeutet und Müller's Namen unten rechts.

J. P. Bittheuser.

1216. Das Abendmahl. L. da Vinci p. Verkleinerte Copie von Morghen's Stich. gr. qu. fol.
1217. Dasselbe.
1218. Dasselbe.
1219. Dasselbe.
1220. Dasselbe.
1221. Augustus und Cleopatra. Raphael Mengs p. gr. fol.
1222. Dasselbe schöne Blatt.
1223. Dasselbe.
1224. Dasselbe.
1225. Dasselbe.
1226. Dasselbe.
1227. Dasselbe.
1228. Dasselbe.
1229. Dasselbe.
1230. Dasselbe. Mit Nadelschrift, wie die Folgenden.

---

*) Joh. Gotth. von Müller und J. Fr. Wilh. Müller, beschrieben von Dr. A Andresen. Leipzig 1865.

1231. Dasselbe.
1232. Dasselbe.
1233. Dasselbe.
1234. Dasselbe.
1235. Dasselbe.
1236. Dasselbe. Im Unterrand etwas wasserfleckig.

C. Rahl.

1237. Grosse Gebirgslandschaft mit Wasserfall; im Vordergrund vier Figuren. F. Millet p. gr. qu. fol.
1238. Dasselbe schöne Blatt.
1239. Dasselbe.
1240. Dasselbe.
1241. Dasselbe.
1242. Dasselbe.
1243. Dasselbe. Vor aller Schrift und vor der Adresse, nur mit den Künstlernamen in Nadelschrift, wie die Folgenden.
1244. Dasselbe.
1245. Dasselbe.
1246. Dasselbe.
1247. Dasselbe.
1248. Dasselbe.
1249. Dasselbe.
1250. Grosse Landschaft, im Vorgrunde vier Figuren bei einem Teiche. G. Poussin p. gr. fol. Hier, wie bei den Folgenden, unten in der Mitte: „imprimé par Herzog."
1251. Dasselbe.
1252. Dasselbe.
1253. Dasselbe.
1254. Dasselbe.
1255. Dasselbe.
1256. Dasselbe. Ohne Herzog's Namen und mit Frauenholz' Adresse, wie die Folgenden.
1257. Dasselbe.
1258. Dasselbe.
1259. Dasselbe.
1260. Dasselbe. Vor der Schrift, nur mit den Künstlernamen und Herzog's Namen als Drucker.
1261. Dasselbe. Ebenso.

1262. Dasselbe. Ohne Herzog's Namen.
1263. Die trauernde Maria am Grabeshügel sitzend. E. Wächter inv. Radirt. roy. qu. fol.
1264. Dasselbe.
1265. Dasselbe.
1266. Dasselbe.
1267. Dasselbe.
1268. Dasselbe.
1269. Dasselbe.
1270. Dasselbe.
1271. Dasselbe.
1272. Dasselbe.
1273. Der blinde Belisar am Thore von Rom. E. Wächter inv. Radirt und Grabstichel. gr. qu. fol. Vor Frauenholz's Adresse, wie die Folgenden.
1274. Dasselbe.
1275. Dasselbe.
1276. Dasselbe.
1277. Dasselbe. Am äussern Rande etwas brüchig und rissig.
1278. Dasselbe. Am Oberrande etwas eingerissen und wasserfleckig.
1279. Dasselbe. Abdruck auf Tonpapier.
1280. Dasselbe. Ebenso.

J. Gauermann.
1281. 2 Bl. heroische Landschaften mit Staffage. Radirt. gr. qu. fol.
1282. 2. Bl. Dieselben.
1283. 2 Bl. Dieselben. Ersteres Blatt bestäubt.
1284. Ersteres Blatt nochmals.
1285. 2 Bl. Dieselben. Vor aller Schrift.
1286. Ersteres Blatt nochmals. Ebenso.
1287. Dasselbe. Ebenso.

A. Kessler.
1288. Der Tod des Major Pierson 1781. J. Singleton-Copley p. Verkleinerte Copie nach J. Heath. gr. qu. fol.
1289. Dasselbe.
1290. Dasselbe.
1291. Dasselbe.

J. Schumann.

1292. 2 Bl. Landschaften mit Scenen aus Wieland's Oberon. J. Koch inv. gr. qu. fol.
1293. 2 Bl. Dieselben.
1294. 2 Bl. Dieselben.
1295. 2 Bl. Dieselben, mit Nadelschrift, wie die Folgenden.
1296. 2 Bl. Dieselben.
1297. 2 Bl. Dieselben.
1298. 2 Bl. Dieselben.
1299. 2 Bl. Dieselben.
1300. 2 Bl. Dieselben.
1301. 2 Bl. Dieselben.
1302. 2 Bl. Dieselben.
1303. 2 Bl. Dieselben.
1304. 2 Bl. Dieselben.

J. Schumann und A. U. Kessler.

1305. Reiche Landschaft mit Scene aus Louise von Voss. L. P. Strack p. gr. qu. fol.
1306. Dasselbe schöne Blatt.
1307. Dasselbe.
1308. Dasselbe.
1309. Dasselbe.
1310. Dasselbe.
1311. Dasselbe.
1312. Dasselbe.
1313. Dasselbe, mit Nadelschrift, wie die Folgenden.
1314. Dasselbe.
1315. Dasselbe.
1316. Dasselbe.
1317. Dasselbe.
1318. Dasselbe.
1319. Dasselbe.
1320. Dasselbe.
1321. Dasselbe.

J. C. Reinhart.

1322. Heroische Landschaft mit Sturm, Schiller dedicirt. gr. qu. fol.
1323. Dasselbe.

1324. Dasselbe.
1325. Dasselbe.
1326. Dasselbe.
1327. Dasselbe.
1328. Dasselbe.
1329. Dasselbe.
1330. Dasselbe.
1331. Die Landschaft mit den grossen Eichen und der Mühle. Dem Markgrafen von Brandenburg dedicirt. gr. qu. fol.
1332. Dasselbe Hauptblatt.
1333. Dasselbe.
1334. Dasselbe.
1335. Dasselbe.
1336. Dasselbe.
1337. 12 Bl. Landschaften aus der Folge der italienischen Ansichten, von Reinhart, Dies und Mechau. fol. qu. fol. Meist Abdrücke mit Nadelschrift.

F. Hegi.

1338. Ansicht aus dem Colloseum oder den Kaiserpalästen in Rom. C. Reinhart del. Aquatinta. gr. qu. fol.

W. F. Gmelin.

1339. 2 Bl. Der See von Albano bei Rom, und das Mare morto bei Neapel.
1340. 2 Bl. Dieselben Hauptblätter.
1341. 2 Bl. Dieselben.
1342. 2 Bl. Dieselben.
1343. 2 Bl. Dieselben.
1344. 2 Bl. Dieselben.
1345. 2 Bl. Dieselben.
1346. 2 Bl. Aussicht im untern Stocke, und Halle im obern Stocke der Villa des Maecenas zu Tivoli. gr. qu. fol. Mit Nadelschrift.
1347. 2 Bl. Dieselben. Vor aller Schrift, blos mit den geritzten Namen der Künstler.
1348. 2 Bl. Dieselben. Ebenso.
1349. Das erstere Blatt nochmals mit gewöhnlicher Schrift.
1350. Dasselbe.
1351. Dasselbe. Mit unausgefüllter Schrift, wie die Folgenden.
1352. Dasselbe.

1353. Dasselbe.
1354. Dasselbe.
1355. 2 Bl. Les Cascatelles de Tivoli, und Vue des petites Cascatelles de Tivoli. 1791 und 1792. gr. qu. fol.
1356. 2 Bl. Dieselben schönen Blätter.
1357. Das erstere Blatt nochmals.
1358. Dasselbe.
1359. Dasselbe.
1360. 2 Bl. Die Grotte des Neptun mit den Tempeln der Vesta und Sibylla bei Tivoli, und der Wasserfall des Velino bei Terni. 1793. 1795. gr. fol.
1361. 2 Bl. Dieselben schönen Blätter.
1362. 2 Bl. Das erstere nochmals.
1363. Dasselbe.
1364. Dasselbe.
1365. Dasselbe.

J. Pichler.

1366. 2 Bl. Gefangennehmung und Verurtheilung des Julius Sabinus. P. F. Hetsch p. Schwarzkunst. gr. qu. fol.
1367. 2 Bl. Dieselben.
1368. 2 Bl. Dieselben.
1369. 2 Bl. Dieselben.
1370. 2 Bl. Dieselben.
1371. 2 Bl. Dieselben.
1372. 2 Bl. Dieselben.
1373. Das letztere nochmals.
1374. Dasselbe.
1375. Dasselbe.
1376. 2 Bl. Dasselbe noch zweimal.
1377. Dasselbe, vor der Schrift, wie die Folgenden.
1378. Dasselbe.
1379. Dasselbe.
1380. Dasselbe.
1381. 4 Bl. Dasselbe noch viermal.
1382. 6 Bl. Dasselbe noch sechsmal.

Oelgemälde.

C. W. E. Dietrich.

1383. Landschaft mit Mercur und Argus. Der erstere sitzt rechts und spielt die Flöte, ihm gegenüber an einen

Stein gelehnt der einschlummernde Argus, die Kuh und eine Ziege. Gutes Originalbild des Meisters in S. Rosa's Manier. Auf Leinwand 28½ Zoll breit, 24 Zoll hoch nach franz. Maass. In Goldrahmen.

ANZEIGEN.

Im Verlage und in Commission von **Rudolph Weigel** in **Leipzig** erschien:

Joh. Gotthard von Müller und **Johann Friedrich Wilh. Müller.** Beschreibendes Verzeichniss ihrer Kupferstiche von Dr. A. Andresen. 8. 16 Ngr.

Anton Woensam von Worms, Maler und Xylograph von Köln. Sein Leben und seine Werke. Eine kunstgeschichtliche Monographie von J. J. Merlo. 8. 1⅓ Thlr.

Anton van Dyck's Bildnisse bekannter Personen. Ausführliche Nachricht über diejenigen 185 Platten, welche von und nach den Werken des Meisters im Kunstverkehr unter diesen generellen Bezeichnungen verstanden werden, etc. Von J. von Szwykowski. 1859. 8. 3 Thlr.

Johann Friedrich Bause's Kupferstiche, mit einigen biographischen Notizen von Dr. G. Keil. 1849. 8. 1⅓ Thlr.

Catalogue de l'Oeuvre de Jean Georges Wille, graveur, avec une notice biographique, par M. *Charles Le Blanc.* 8. 1 Thlr. 10 Ngr.

Catalogue de l'Oeuvre de Robert Strange, graveur, avec une notice biographique, par M. *Charles Le Blanc.* 8. 20 Ngr.

Catalogue raisonné de toutes les Estampes qui forment les Oeuvres gravés d'Étienne Ficquet, Pierre Savart, J. B. de Grateloup et J. P. S. de Grateloup, par *L. E. Faucheux.* Paris 1864. gr. 8. 3⅓ Thlr.

Catalogue raisonné de toutes les Estampes qui forment l'Oeuvre gravé d'Adrien van Ostade, par *L. E. Faucheux.* Paris 1862. 2⅓ Thlr.

Catalogue raisonné de toutes les Estampes qui forment l'Oeuvre d'Israel Silvestre, précédé d'une notice sur sa vie, par *L. E. Faucheux.* Paris 1857. 3⅓ Thlr.

RUDOLPH WEIGEL'S KUNST-AUCTION IN LEIPZIG.

Versteigerungspreise
der
Becker'schen Kunst-Auction
vom 4. October 1865.

Wo unter den Limiten weggegangen, entsprachen die Gegenstände etc. nicht den Anforderungen meiner Herren Comittenten.

Rudolph Weigel.

Nummer	Rh.	ngl	Nummer	Rh.	ngl	Nummer	Rh.	ngl	Nummer	Rh.	ngl
1	—	1	32	—	8	63	—	7	94	—	7
2	—	5	33	—	—	64	—	7	95	—	15
3	—	14	34	—	5	65	1	—	96	—	2
4	—	—	35	—	—	66	3	6	97	—	1
5	—	20	36	—	1	67	—	1	98	—	3
6	—	23	37	—	3	68	—	2	99	—	5
7	—	8	38	3	10	69	—	8	100	—	5
8	—	4	39	—	4	70	—	4	101	—	4
9	—	12	40	—	—	71	—	8	102	—	9
10	1	8	41	—	—	72	2	5	103	—	1
11	—	13	42	—	12	73	—	19	104	—	8
12	1	10	43	—	4	74	—	29	105	—	2
13	—	5	44	—	—	75	—	1	106	—	8
14	—	—	45	—	1	76	—	1	107	—	1
15	—	1	46	—	20	77	—	1	108	—	4
16	2	1	47	—	8	78	—	1	109	—	1
17	—	4	48	—	10	79	1	13	110	—	2
18	—	—	49	—	15	80	—	—	111	—	2
19	—	2	50	1	20	81	—	10	112	—	10
20	—	20	51	1	15	82	—	1	113	—	8
21	—	15	52	1	6	83	—	4	114	—	5
22	—	1	53	—	1	84	—	16	115	—	1
23	—	3	54	—	1	85	—	6	116	—	5
24	—	1	55	—	1	86	—	1	117	—	8
25	—	2	56	—	3	87	—	10	118	—	2
26	—	—	57	—	—	88	—	15	119	—	4
27	—	10	58	—	1	89	1	15	120	—	4
28	—	20	59	—	5	90	—	17	121	—	2
29	—	10	60	1	9	91	—	8	122	—	4
30	—	4	61	—	12	92	—	8	123	—	3
31	1	12	62	—	10	93	—	6	124	—	1

2

Nummer	Rd	ngl	Nummer	Rd	ngl	Nummer	Rd	ngl	Nummer
125	—	—	171	1	5	218	—	4	264
126	—	10	172	—	10	219	—	4	265
127	—	10	173	—	2	220	—	—	266
128	—	4	174	—	11	221	—	—	267
129	—	9	175	—	26	222	—	1	268
130	—	1	176	—	4	223	—	17	269
131	1	6	177	—	1	224	—	—	270
132	—	4	178	1	26	225	—	2	271
133	—	2	179	—	28	226	1	16	272
134	—	8	180	—	14	227	—	7	273
135	—	1	181	—	6	228	—	—	274
136	—	3	182	1	—	229	—	3	275
137	—	10	183	1	2	230	—	1	276
138	—	1	184	—	3	231	—	8	277
139	—	16	185	—	10	232	—	—	278
140	1	8	186	—	5	233	—	4	279
141	—	1	187	—	4	234	1	12	280
142	—	12	188	—	2	235	2	—	281
143	—	1	189	—	2	236	—	10	282
144	—	—	190	—	1	237	—	—	283
145	—	18	191	—	1	238	—	7	284
46	1	15	192	—	4	239	—	20	285
147	—	16	193	—	8	240	1	15	286
148	—	—	194	—	8	241	—	10	287
149	—	1	195	—	19	242	—	8	288
150	—	1	196	—	2	243	—	4	289
151	—	6	197	—	10	244	—	—	290
152	—	5	198	—	10	245	—	3	291
153	—	4	199	—	7	246	1	15	292
154	—	8	200	—	8	247	—	—	293
155	—	2	201	2	—	248	—	12	294
156	—	—	202	1	13	249	1	5	295
157	—	1	203	—	5	250	1	5	296
158	—	10	204	—	2	251	—	17	297
159	1	1	205	—	—	252	—	10	298
160	1	—	206	—	1	253	—	25	299
161	—	2	207	—	2	254	—	22	300
162	—	2	209	—	22	255	—	8	301
163	—	1	210	1	8	256	—	8	302
164	—	1	211	1	—	257	—	1	303
165	—	8	212	—	—	258	1	1	304
166	—	5	213	—	1	259	—	7	305
167	—	2	214	—	10	260	—	1	306
168	—	8	215	—	1	261	—	1	307
169	1	10	216	—	4	262	—	3	308
170	—	15	217	—	10	263	—	6	309

3

Nummer	R	ngf	Nummer	R	ngf	Nummer	R	ngf	Nummer	R	ngf
310	—	2	356	—	11	402	2	—	448	—	27
311	—	3	357	—	1	403	—	—	449	—	3
312	—	2	358	—	3	404	—	6	450	—	3
313	—	9	359	—	—	405	—	4	451	—	6
314	—	10	360	—	4	406	—	20	452	—	3
315	1	—	361	—	8	407	—	17	453	—	4
316	—	—	362	—	10	408	—	4	454	—	12
317	—	—	363	—	1	409	—	12	455	—	—
318	—	3	364	—	20	410	—	20	456	—	8
319	—	3	365	—	20	411	—	7	457	—	8
320	—	11	366	—	2	412	—	16	458	—	3
321	—	16	367	—	2	413	—	12	459	—	8
322	—	3	368	—	2	414	—	8	460	—	17
323	—	12	369	—	25	415	—	19	461	—	3
324	—	—	370	1	10	416	—	4	462	—	—
325	—	1	371	1	—	417	—	6	463	—	3
326	—	1	372	5	—	418	—	6	464	2	—
327	—	12	373	—	25	419	—	2	465	—	18
328	—	8	374	—	7	420	—	18	466	—	29
329	—	4	375	—	1	421	—	6	467	1	4
330	—	1	376	—	—	422	—	8	468	—	4
331	—	1	377	—	3	423	—	17	469	—	6
332	—	—	378	—	—	424	—	22	470	—	2
333	—	8	379	—	3	425	—	4	471	—	6
334	—	11	380	—	3	426	2	6	472	—	8
335	—	2	381	—	18	427			473	—	4
336	—	1	382	1	—	428	—	10	474	—	12
337	—	1	383	—	5	429			475	—	8
338	—	16	384	—	5	430	—	14	476	—	4
339	1	26	385	—	12	431			477	—	3
340	—	8	386	—	3	432			478	—	12
341	—	12	387	—	4	433	—	10	479	—	2
342	2	17	388	—	4	434			480	—	2
343	—	10	389	—	3	435	2	—	481	—	3
344	—	16	390	—	3	436	—	6	482	—	—
345	1	—	391	—	—	437	—	16	483	—	4
346	—	18	392	—	4	438	—	8	484	—	3
347	—	13	393	—	19	439	—	20	485	—	4
348	1	2	394	—	16	440	—	19	486	—	3
349	—	4	395	1	9	441	—	—	487	—	4
350	—	24	396	—	8	442	—	10	488	—	—
351	—	3	397	1	15	443	—	17	489	—	4
352	—	12	398	1	15	444	—	—	490	—	3
353	—	1	399	—	21	445	—	6	491	—	12
354	—	3	400	—	29	446	—	4	492	—	3
355	—	20	401	—	3	447	—	22	493	—	12

1*

Nummer	Rℓ	ngℓ	Nummer	Rℓ	ngℓ	Nummer	Rℓ	ngℓ	Nummer
494	—	3	540	—	8	586	—	16	632
495	—	4	541	—	8	587	—	5	633
496	—	12	542	—	1	588	—	10	634
497	—	10	543	—	1	589	—	3	635
498	—	16	544	—	1	590	—	3	636
499	—	14	545	2	4	591	—	4	637
500	—	14	546	—	3	592	—	4	638
501	—	2	547	2	20	593	—	4	639
502	—	7	548	—	3	594	—	2	640
503	—	3	549	—	6	595	—	15	641
504	—	8	550	—	—	596	—	29	642
505	—	10	551	—	4	597	—	3	643
506	—	15	552	—	10	598	—	1	644
507	—	18	553	—	3	599	—	6	645
508	—	2	554	—	4	600	—	1	646
509	—	8	555	—	3	601	—	7	647
510	—	15	556	—	16	602	—	—	648
511	—	19	557	—	5	603	—	1	649
512	—	22	558	—	4	604	—	1	650
513	—	5	559	1	—	605	—	6	651
514	—	1	560	—	13	606	—	4	652
515	—	4	561	—	17	607	—	—	653
516	—	8	562	—	17	608	7	—	654
517	—	15	563	—	19	609	—	9	655
518	—	16	564	—	7	610	—	12	656
519	—	20	565	—	1	611	—	25	657
520	—	22	566	—	12	612	—	3	658
521	—	5	567	—	3	613	—	19	659
522	—	3	568	—	18	614	—	—	660
523	—	16	569	—	2	615	—	4	661
524	—	5	570	—	4	616	—	4	662
525	—	22	571	—	15	617	—	1	663
526	—	6	572	—	4	618	—	13	664
527	—	—	573	—	4	619	—	2	665
528	—	12	574	—	1	620	—	5	666
529	—	8	575	—	1	621	—	1	667
530	—	8	576	—	29	622	—	1	668
531	1	—	577	—	4	623	—	18	669
532	—	8	578	—	1	624	—	7	670
533	—	2	579	—	1	625	—	3	671
534	—	12	580	1	—	626	—	11	672
535	—	8	581	—	6	627	—	4	673
536	—	4	582	—	3	628	—	4	674
537	—	10	583	—	1	629	—	4	675
538	—	5	584	—	10	630	—	1	676
539	—	8	585	—	7	631	—	2	677

Nummer	Rt	ngl	Nummer	Rt	ngl	Nummer	Rt	ngl	Nummer	Rt	ngl
678	—	5	724	—	8	770	—	1	816	2	20
679	—	3	725	—	4	771	—	3	817	—	1
680	3	15	726	—	8	772	—	3	818	—	21
681	—	5	727	—	4	773	—	7	819	—	1
682	—	6	728	1	15	774	—	5	820	—	1
683	—	10	729	1	—	775	—	5	821	—	11
684	—	16	730	1	—	776	—	28	822	—	12
685	—	12	731	—	8	777	—	4	823	—	—
686	—	1	732	—	4	778	—	8	824	—	9
687	—	1	733	—	16	779	—	15	825	1	3
688	—	9	734	—	4	780	—	1	826	1	8
689	—	5	735	—	4	781	—	13	827	1	8
690	—	6	736	—	5	782	—	3	828	—	—
691	—	10	737	—	8	783	—	2	829	—	2
692	—	5	738	—	24	784	—	2	830	—	—
693	7	—	739	—	5	785	—	1	831	—	8
694	—	8	740	—	3	786	—	8	832	—	—
695	—	6	741	—	6	787	—	3	833	—	2
696	—	1	742	—	5	788	—	1	834	—	13
697	—	—	743	—	7	789	—	2	835	—	8
698	—	1	744	—	13	790	—	6	836	1	8
699	—	12	745	—	16	791	3	5	837	—	4
700	3	15	746	1	7	792	—	16	838	—	—
701	—	4	747	1	5	793	—	20	839	—	4
702	—	—	748	—	11	794	—	15	840	2	26
703	—	12	749	—	8	795	—	5	841	—	7
704	—	—	750	—	1	796	—	3	842	—	1
705	—	2	751	—	17	797	—	4	843	—	—
706	—	3	752	—	5	798	—	6	844	—	4
707	—	3	753	—	2	799	—	16	845	1	—
708	—	8	754	—	4	800	—	12	846	—	—
709	—	3	755	—	4	801	1	—	847	—	8
710	—	4	756	—	1	802	—	25	848	—	2
711	—	4	757	—	3	803	—	4	849	—	4
712	—	1	758	—	—	804	—	18	850	1	20
713	—	1	759	—	5	805	—	—	851	—	10
714	3	—	760	—	14	806	—	5	852	—	3
715	2	—	761	—	6	807	—	2	853	1	21
716	—	2	762	—	6	808	1	18	854	—	15
717	—	1	763	—	1	809	1	—	855	1	8
718	—	7	764	1	10	810	—	22	856	—	14
719	—	11	765	—	4	811	—	8	857	—	—
720	1	—	766	—	3	812	—	16	858	—	—
721	—	5	767	—	3	813	—	4	859	—	2
722	—	20	768	—	3	814	1	17	860	—	3
723	—	18	769	—	3	815	1	18	861	—	25

Nummer	Rt.	ngl	Nummer	Rt.	ngl	Nummer	Rt.	ngl	Nummer
862	4	—	907	2	—	953	4	15	999
863	2	5	908	2	16	954	3	—	1000
864	3	6	909	—	16	955	1	—	1001
865	1	5	910	—	20	956	—	4	1002
866	—	8	911	—	28	957	1	20	1003
867	1	8	912	—	8	958	4	12	1004
868	1	5	913	1	—	959	—	25	1005
869	1	—	914	—	19	960	—	10	1006
870	1	—	915	—	10	961	—	7	1007
871	—	12	916	3	13	962	—	6	1008
872	1	15	917	1	21	963	—	2	1009
873	—	2	918	6	29	964	—	16	1010
874	—	4	919	1	20	965	2	21	1011
875	—	18	920	2	6	966	1	—	1012
876	—	4	921	—	16	967	—	18	1013
877	—	1	922	8	—	968	—	1	1014
878	—	5	923	3	12	969	1	—	1015
879	—	9	924	—	13	970	5	8	1016
880	—	1	925	1	8	971	—	1	1017
881	1	7	926	—	8	972	—	—	1018
882	—	1	927	8	—	973	—	4	1019
883	—	5	928	—	16	974			1020
884	2	13	929	3	21	975			1021
885	—	—	930	—	14	976	—	5	1022
886	1	26	931	2	29	977			1023
887	—	10	932	—	10	978			1024
888	—	10	933	—	2	979	—		1025
889	—	4	934	6	6	980	—		1026
890	—	11	935	4	—	981	—	1	1027
891	—	1	936	—	19	982	—	—	1028
892	—	5	937	—	18	983	—	15	1029
893	—	15	938	—	1	984	1	16	1030
894	—	1	939	—	8	985	—	2	1031
895	—	1	940	—	12	986	—	2	1032
896	—	2	941	1	—	987	—	6	1033
897	1	—	942	1	—	988	—	1	1034
898	1	6	943	—	11	989	—	13	1035
899a.	—	2	944	—	3	990	—	16	1036
899b.	1	—	945	—	—	991	—	13	1037
900	—	2	946	—	8	992	—	—	1038
901	—	7	947	1	16	993	—	16	1039
902	—	18	948	—	8	994	1	20	1040
903	1	—	949	1	29	995	1	—	1041
904	—	13	950	—	4	996	—	1	1042
905	—	1	951	3	26	997	—	4	1043
906	—	5	952	4	17	998	52	—	1044

ummer	Re	ngf	Nummer	Re	ngf	Nummer	Re	ngf	Nummer	Re	ngf
1045	—	4	1091	—	—	1137	—	2	1183	—	1
1046	—	—	1092	—	17	1138	—	3	1184	9	1
1047	—	4	1093	3	—	1139	5	—	1185	—	19
1048	—	—	1094	—	4	1140	—	4	1186	1	8
1049	—	8	1095	1	8	1141	—	2	1187	—	10
1050	—	6	1096	—	2	1142	—	2	1188	1	20
1051	—	4	1097	—	—	1143	—	28	1189	—	2
1052	—	—	1098	1	12	1144	4	9	1190	—	7
1053	—	—	1099	—	3	1145	1	9	1191	2	10
1054	—	4	1100	—	—	1146	3	16	1192	2	—
1055	—	15	1101	—	1	1147	2	13	1193	—	7
1056	—	20	1102	—	2	1148	2	2	1194	—	16
1057	—	1	1103	—	6	1149	—	2	1195	—	4
1058	1	—	1104	—	24	1150	—	1	1196a.	—	17
1059	—	4	1105	—	1	1151	—	2	1196b.	—	4
1060	—	—	1106	—	1	1152	—	3	1196c.	—	10
1061	—	—	1107	—	3	1153	3	16	1197	—	19
1062	—	5	1108	—	20	1154	—	4	1198	—	12
1063	—	4	1109	—	26	1155	—	2	1199	—	4
1064	3	12	1110	1	—	1156	—	1	1200	—	16
1065	2	13	1111	—	19	1157	—	14	1201	—	12
1066	—	—	1112	—	9	1158	—	6	1202		
1067	—	—	1113	—	20	1159	—	7	1203	—	6
1068	—	1	1114	—	18	1160	—	7	1204		
1069	—	24	1115	—	4	1161	—	6	1205	—	6
1070	—	—	1116	—	25	1162	—	16	1206		
1071	—	1	1117	3	14	1163	—	4	1207		
1072	—	25	1118	—	3	1164	—	1	1208	1	26
1073	—	4	1119	—	2	1165	—	—	1209		
1074	1	—	1120	4	—	1166	—	—	1210		
1075	—	4	1121	5	—	1167	—	13	1211	25	—
1076	—	8	1122	—	3	1168	—	2	1212	1	9
1077	—	8	1123	—	6	1169	—	20	1213	—	20
1078	—	8	1124	2	—	1170	—	12	1214	2	25
1079	—	18	1125	—	3	1171	6	1	1215	3	25
1080	12	20	1126	1	—	1172	—	10	1216	1	11
1081	20	—	1127	—	3	1173	—	1	1217	1	11
1082	—	8	1128	—	4	1174	—	—	1218	1	4
1083	—	20	1129	—	3	1175	—	—	1219	1	—
1084	—	26	1130	—	6	1176	—	2	1220	—	22
1085	—	26	1131	—	1	1177	—	—	1221	—	10
1086	1	—	1132	—	13	1178	—	2	1222	—	10
1087	1	8	1133	—	—	1179	—	4	1223	—	10
1088	—	4	1134	—	13	1180	—	4	1224	—	10
1089	—	—	1135	—	3	1181	—	16	1225	·	8
1090	—	2	1136	—	3	1182	—	1	1226	—	6

Nummer	Rd	ngl	Nummer	Rd	ngl	Nummer	Rd	ngl	Nummer	Rd
1227	—	5	1267	—	4	1307	—	2	1347	1
1228	—	2	1268	—	4	1308			1348	—
1229	—	1	1269	—	3	1309			1349	—
1230	—	7	1270			1310	—	3	1350	—
1231	—	7	1271	—	3	1311			1351	—
1232	—	7	1272			1312			1352	—
1233	—	6	1273	—	4	1313	—	1	1353	
1234	—	—	1274	—	4	1314			1354	—
1235	—	1	1275	—	4	1315			1355	1
1236	—	1	1276	—	4	1316			1356	1
1237	—	6	1277	—	4	1317	—	3	1357	—
1238	—	6	1278	—	1	1318			1358	
1239	—	6	1279	—	4	1319			1359	—
1240	—	5	1280	—	3	1320			1360	1
1241	—	5	1281	—	14	1321			1361	1
1242	—	4	1282	—	12	1322	—	6	1362	—
1243	—	10	1283	—	11	1323	—	7	1363	
1244	—	8	1284	—	—	1324	—	7	1364	—
1245	—	8	1285	—	11	1325	—	9	1365	
1246	—	7	1286	—	1	1326	—	10	1366	—
1247	—	6	1287			1327	—	10	1367	—
1248	—	5	1288	—	2	1328	—	9	1368	—
1249	—	5	1289			1329	—	10	1369	—
1250	—	8	1290	—	3	1330	—	10	1370	—
1251	—	8	1291			1331	—	12	1371	—
1252	—	8	1292	—	4	1332	—	12	1372	—
1253	—	6	1293	—	4	1333	—	10	1373	
1254	—	4	1294	—	1	1334	—	10	1374	
1255	—	5	1295	—	4	1335	—	8	1375	—
1256	—	8	1296	—	4	1336	—	9	1376	
1257	—	4	1297	—	4	1337	—	15	1377	—
1258	—	4	1298	—	4	1338	—	4	1378	—
1259	—	4	1299			1339	—	19	1379	
1260	—	13	1300			1340	—	18	1380	
1261	—	11	1301			1341		18	1381	—
1262	—	9	1302	—	4	1342	—	18	1382	
1263	—	4	1303			1343	—	18	1383	9
1264	—	4	1304			1344	—	15		
1265	—	4	1305	—	2	1345	—	15		
1266	—	4	1306	—	2	1346	1	5		